GAËLLE PRUDENCIO

Fière d'être *moi-même*

S'accepter quand on n'entre pas dans les normes de la société

LEDUC

Suivi éditorial : Céline de Quéral
Création de la maquette intérieure et mise en page : François Giraudet
Relecture : Emma Pavan
Illustrations : Henriette Nenette
Design de la couverture : Antartik
Photographie de couverture : Capucine de Chocqueuse
Maquillage : Nallah Sangare
Coiffure : Vivi Dague

10, place des Cinq-Martyrs-du-Lycée-Buffon
75015 Paris - France
ISBN : 979-10-285-1951-3

SOMMAIRE

À ma maman, Régina, je t'aime.

À mes nièces, Maeva, Emma, Amelia et Mia, ainsi qu'à mon neveu, Bébé Alain.

Je ne cesserai jamais de vous dire à quel point je suis fière de vous.

AVANT-PROPOS

« QUI EST GAËLLE PRUDENCIO ? »

5 octobre 2017

Je suis assise dans la salle des fêtes de la préfecture du Val-de-Marne, à Créteil.

Aujourd'hui, c'est la cérémonie de citoyenneté pour les Français du département récemment naturalisés. Au programme : un film intitulé *Devenir français*, le discours du représentant du préfet, la *Marseillaise* et l'appel de chaque personne pour recevoir son décret de naturalisation française.

Je suis venue seule pour assister à cette cérémonie. Seule comme lorsque je faisais la queue à partir de 3 heures du matin à la préfecture pour déposer ma demande de titre de séjour. Je suis d'abord passée devant la file des étrangers en arrivant là. J'ai croisé le regard de certains.

> **Je n'ai pas oublié et je n'oublierai jamais d'où je viens et ce qu'il en coûte de choisir de vivre en France. Loin de chez moi.**

C'est sans doute pour cette raison que j'arbore aujourd'hui une jupe en wax issue de ma ligne de vêtements et que je porte des tresses sénégalaises. C'est une coiffeuse martiniquaise qui les a réalisées pour moi. Autant de symboles de ce *melting-pot* que je suis. La richesse que constitue mon identité.

Avant-propos

Un jour, on m'a demandé : « Qui est Gaëlle Prudencio ? » En ce 5 octobre 2017, je peux enfin répondre à cette question.

Gaëlle Prudencio est une femme de 34 ans. D'origine béninoise et de nationalités sénégalaise et française.

Gaëlle Prudencio est une femme qui revendique ses formes généreuses, les apprécie et en a fait un blog tourné vers l'acceptation de soi.

C'est aussi une femme qui aime participer à une course pour soutenir une cause sans pour autant apprécier de courir ou de marcher dans ces conditions. Qui aime écouter de la musique. Qui choisit un morceau tous les matins et le partage sur son compte Instagram avec ses abonnés : variétés africaines mêlées à de la musique électro, morceaux des années 1960, du temps de l'indépendance, rumba congolaise, Jacques Brel ou encore du rap français.

C'est une femme qui aime les séries et les films à l'eau de rose, les histoires romantiques qui finissent bien et vous tirent des larmes.

Gaëlle aime bruncher avec ses amies du collège, écouter les potins, parler des hommes, du célibat, de son mariage déjà organisé... sans le principal intéressé : le futur marié !

Elle aime raconter des blagues salaces l'air de rien en gardant son sérieux, mais est facilement outrée lorsqu'elle les entend dans la bouche des autres.

C'est une femme ambitieuse. Elle entreprend depuis son plus jeune âge. Elle est aujourd'hui cheffe d'entreprise au sens propre du terme. Cette entreprise qu'elle a créée lui fait désormais découvrir un autre monde : celui des adultes.

Gaëlle est aussi cette femme qui s'est toujours crue désordonnée et désorganisée. Elle apprend chaque jour à devenir une meilleure version d'elle.

Je suis Gaëlle Prudencio. Cette jeune femme qui vit entre plusieurs cultures. Qui réalise qu'elle est plus spirituelle que religieuse et qui laisse éclater sa joie chaque jour davantage.

« Vous venez d'acquérir la nationalité française. »

Voici les mots inscrits sur le livret d'accueil dans la nation française. Des mots qui résonnent en moi et qui me font réaliser tout le chemin parcouru depuis cette nuit durant laquelle j'ai cherché mon passeport égaré dans mon propre appartement.

> **J'ai trouvé mon identité.**
> **Je sais qui je suis.**
> **Enfin, et c'est bon.**

Comment suis-je allée à ma rencontre ? Comment le fait de trouver mon identité a-t-il changé mon rapport à la vie ? Aux autres ? À l'amour ?

Quel est le chemin parcouru ?

Autant de questions auxquelles je réponds dans ce livre.

Ici, je vous raconte ma liberté retrouvée, celle d'être moi-même dans une société où l'on nous exhorte sans cesse à être quelqu'un d'autre et à entrer dans des cases...

CHAPITRE 1

MON PARCOURS DE « RÉGIMEUSE »

1

UNE PETITE FILLE « DANS LA NORME »

Une amie de la famille m'a récemment envoyé une photo de moi *via* Facebook. Je me souviens exactement du moment où elle a été prise : j'avais 7 ans, c'était un peu avant Noël, mon papa venait d'arriver de Cotonou. Il nous avait apporté des tonnes de cadeaux. C'est le premier souvenir conscient que j'ai de lui. C'est en quelque sorte à ce moment-là que je l'ai rencontré pour la première fois.

Le jour où ce cliché a été réalisé, nous nous étions rendus à Thiès, au Sénégal, ma ville de naissance. Je suis souriante, adossée au mur de la maison familiale, vêtue d'une chemise blanche ornée de dentelle, d'une minijupe en jean, avec des ballerines aux pieds.

En regardant cette photo, j'ai réalisé que malgré ce dont j'étais persuadée, je n'ai pas toujours été grosse. J'y vois une petite fille complètement « dans la norme », tant au niveau de la taille que du poids. J'ai même les traits plutôt fins. Je réalise surtout que c'est à partir de ce moment-là que j'ai commencé à grossir. Le point de départ ? Après un séjour à Dakar, où les relations semblaient apaisées entre mes parents, une violente querelle a éclaté à la maison. Je me souviens d'avoir entendu ma grande sœur crier et d'avoir vu mon frère pleurer. Je me suis également mise à pleurer – comme à chaque fois que je vois mon frère fondre en larmes. Je ne sais plus trop comment cette journée s'est terminée, mais je n'ai plus eu de nouvelles de mon père durant les deux années qui ont suivi. Nous avons donc passé notre enfance avec un « girl gang » : notre mère et ses sœurs.

> **J'ai grandi au milieu de femmes qui m'ont élevée ensemble, chacune semant les graines de celle que je suis aujourd'hui, à tour de rôle et à sa façon.**

Sur les photos prises un an et deux ans après, j'apparais déjà plus enrobée. Ça n'était sans doute pas alarmant, mais certains adultes ne manquaient pas de me rappeler que j'étais rondouillette. J'entendais souvent : « Gaëlle tu es jolie, mais maigris ! » Je commençais également à avoir du mal à me chausser – ce qui n'a pas changé, avec ma pointure 43 !

EN ROUTE VERS L'ENFER DES RÉGIMES

À 12 ans, j'ai perdu ma sœur. J'ai fait mon entrée dans la puberté. J'ai beaucoup grossi en quelques mois. À l'école, j'étais de plus en plus stigmatisée, notamment à cause des circonstances du décès de ma sœur – sur lesquelles je reviendrai plus loin dans ce livre.

On m'a envoyée chez l'endocrinologue, qui m'a prescrit une batterie d'examens dont une échographie. Cela me semblait incongru alors que je n'étais pas enceinte ! Le but ? Rechercher un trouble responsable de ma prise de poids. Les résultats médicaux n'ont rien révélé. Et c'est ainsi que je suis entrée dans l'enfer des régimes...

J'ai dû noter tout ce que je mangeais pendant une semaine. L'endocrinologue m'avait prescrit un régime hyperprotéiné avec une poudre au goût douteux.

MON PREMIER RÉGIME !

La prescription de mon endocrinologue ?

- **Poudre avec du lait au petit déjeuner.**
- **À midi, poudre avec du lait et des crudités.**
- **Au dîner, poudre avec du lait et des crudités.**

Les rares fois où je mangeais du riz, j'avais droit à 4 cuillères à soupe, avec peu de sauce et de la viande. Je ne sais plus trop si j'ai perdu du poids, mais je pense que je n'ai pas suivi ce régime pendant longtemps...

En septembre 1995, je suis allée vivre à Kinshasa (République démocratique du Congo) avec ma maman. Sur place, une amie de la famille que j'admirais énormément et qui portait une attention particulière à son apparence m'a proposé de suivre un régime avec elle. Elle souhaitait me soutenir. Je comptais les calories, le nombre de cuillères de riz que je mangeais, et j'avalais beaucoup de salade. J'ai perdu 7 kilos en l'espace d'un mois. Jusqu'à l'âge de 14 ans, je refaisais ce régime de temps à autre car je reprenais régulièrement le poids perdu.

À Kinshasa, je n'avais pas vraiment de cadre. Ma maman voyageait beaucoup pour les besoins de sa profession. Je pouvais commander tous les plats que j'aimais auprès de la cuisinière, et j'avais la vie sociale intense d'une adolescente expatriée évoluant dans un milieu aisé de diplomates et de fonctionnaires internationaux. La plupart de mes camarades avaient l'habitude de vivre dans le luxe et les privilèges. Un monde tellement nouveau pour moi, qui avais grandi entre notre maison familiale de Thiès et notre trois-pièces d'un HLM de Dakar...

ALLER SIMPLE POUR DAKAR

En avril 1997, après des vacances de Pâques passées à Johannesburg, j'ai dû rentrer précipitamment à Dakar pour y poursuivre mon année scolaire. Des troubles politiques agitaient le Congo, la chute du président Mobutu et l'arrivée du rebelle Laurent-Désiré Kabila laissaient craindre une guerre civile. J'y ai laissé mes amis, ma maman, mon « nid ». Je suis partie avec une valise de 15 kilos dans laquelle j'avais réuni tout ce qui était important pour moi.

Je suis arrivée chez ma marraine, à Dakar, et j'y suis restée de la moitié de mon année scolaire de quatrième jusqu'au début de la terminale.

À Dakar, je me suis retrouvée dans l'école dans laquelle j'avais toujours dit que je ne souhaitais pas étudier. J'espérais poursuivre mon cursus au lycée français, puisque j'étais dans un établissement similaire à Kinshasa. Je me suis heurtée au refus de la famille, qui estimait qu'il avait mauvaise réputation avec « des jeunes qui se droguaient et des jeunes filles qui tombaient enceintes ».

On m'inscrivit alors dans une école privée catholique, qui mixait des enseignements du programme sénégalais et du programme français. Les filles y avaient meilleure réputation. Quant aux garçons, c'était le cadet de mes soucis. Et puis celui dont j'étais secrètement amoureuse était à Kinshasa...

Je suis rentrée en classe en avril 1997. J'avais fait un shampooing la veille. Mes cheveux étaient au maximum de leur volume. Je n'avais pas encore la fameuse blouse bleue que les filles avaient l'obligation de porter. Lorsqu'on m'a présentée aux autres élèves, ils ont tous éclaté de rire face à ma singularité. Le cauchemar commençait. Ces rires n'ont cessé qu'à partir de mon année de première. Et pour cause : nous n'étions que huit en série L, uniquement des travailleurs qui avaient bien d'autres préoccupations que de se moquer les uns des autres.

PERDRE DU POIDS : LE DÉBUT D'UNE OBSESSION

À partir de mon retour à Dakar et jusqu'en terminale, j'ai enchaîné les régimes. Celui dont je me souviens le plus est le fameux régime de la clinique Mayo, hyperprotéiné et restrictif. Je perdais entre 7 et 15 kilos à chaque fois. J'en reprenais entre 15 et 25 au fur et à mesure.

L'année de la terminale, je suis retournée chez la fameuse endocrinologue que j'avais consultée à l'âge de 12 ans. Elle m'a de nouveau prescrit des sachets protéinés avec le même protocole. Elle était médecin. Sa parole faisait autorité.

En pleine préparation du bac, j'avais souvent des somnolences, il arrivait même que je m'évanouisse en classe. Tu m'étonnes que je manquais d'énergie !

Quant à mes camarades de classe, ils se moquaient sans cesse de mon poids. « Mama Africa », « Puffy », « Biggy », « Patabi » étaient mes surnoms.

Dans ce contexte, perdre du poids était devenu une obsession. En parallèle, je grignotais énormément, je me cachais pour manger et je culpabilisais de ne pas réussir à tenir le rythme du régime. Nous dépensions des sommes folles dans ces programmes et ces consultations.

Partout où j'allais, soit on me félicitait pour ma perte de poids, soit on me reprochait de « trop » en perdre. Lorsque je grossissais, j'entendais régulièrement : « Ah, Gaëlle je viendrai te chercher tous les dimanches pour aller courir. »

On me disait aussi parfois qu'en grandissant, mon poids se régulerait. Mon poids était devenu un sujet.

Personne ne savait et ne s'intéressait à ce qui se jouait en moi.

Je n'avais toujours pas compris le décès de ma sœur, pourquoi mon père n'était pas à son enterrement; j'acceptais mal l'absence de ma mère, qui travaillait à l'étranger et avec laquelle je ne vivais plus depuis mon départ de Kinshasa.

> **« Gaëlle tu as grossi / Gaëlle tu as maigri » était devenu le nouveau « Bonjour Gaëlle ».**

Il y avait comme une lutte en moi : d'un côté la perte de poids, de l'autre le fait de ne jamais être « assez ». Selon quels critères? Selon quels standards?

Des mois de restrictions, de tristesse et de mal-être. Des années qui ont contribué à me faire croire que ma valeur résidait dans les chiffres indiqués par la balance, dans le regard et l'avis des autres.

MON ARRIVÉE EN FRANCE

J'ai atterri en France le 20 septembre 2001 pour entrer à la faculté de droit de Douai, dans le Nord.

J'avais perdu 15 kilos juste avant de passer le bac. Je considérais que j'étais toujours grosse, mais j'avais réussi à descendre sous la barre des 100 kilos – à l'époque, 110 kilos, c'était le poids le plus élevé que j'avais atteint.

Dans l'Hexagone, j'ai découvert un nouveau mode de vie. J'étais quasiment seule. Je croisais peu ma colocataire, qui était plus âgée que moi et avait déjà son cercle d'amis. Je me retrouvais donc dans un pays étranger, un environnement inconnu, avec des températures que je qualifierais d'hostiles!

Même si j'avais la possibilité de rendre de temps en temps visite à des amis de la famille, je me suis repliée sur moi dès les premières semaines de fac.

Le peu de connaissances que j'avais rentraient dans leur famille le week-end.

Mon dernier cours avait lieu le vendredi à 17 heures. Je sortais de la faculté, j'allais faire des courses, notamment un pot de Nutella® et du pain de mie.

Mon premier cours de la semaine débutait le lundi à 14 heures. Entre les deux, je mangeais tout ce que j'avais acheté et je terminais le pot de Nutella® en question.

Je ne savais pas cuisiner du tout. Ce n'était pourtant pas faute d'avoir essayé d'apprendre.

À Dakar, un week-end sur deux, j'étais en cuisine pour m'initier à la préparation des plats principaux qui feraient de moi une excellente épouse capable de tenir son foyer. Cela ne m'intéressait pas vraiment. Il faut dire qu'enfant, j'étais régulièrement chassée de la cuisine car je goûtais à tout et n'y étais pas d'une grande utilité...

Je n'ai ainsi pas du tout assimilé les cours que me donnait la cuisinière.

SOLITUDE ET HYPERPHAGIE BOULIMIQUE

Une routine s'est installée durant mes trois premiers mois de cours en France et, avec elle, une nouveauté : l'hyperphagie boulimique. J'étais capable d'ingérer de grosses quantités de nourriture en un temps record.

Je pleurais beaucoup. La maison et ma famille me manquaient. Je regrettais d'être venue en France et d'avoir choisi ces études de droit que je détestais déjà. J'avais peur de sortir pour explorer la ville. Le seul trajet que je maîtrisais était celui qui reliait mon appartement, la faculté et la gare.

> **J'étais mal dans ma peau. Pas physiquement, mais parce que je ne me sentais pas à ma place.**

Ma logeuse, raciste, ne manquait pas de me rappeler que j'étais étrangère en France. Et je n'oublie pas tous les trajets que je faisais à Lille pour patienter à la préfecture afin d'obtenir mon premier titre de séjour – il m'est arrivé de passer une partie de la nuit chez une camarade d'amphi pour être présente à la préfecture à 3 heures du matin.

C'est le quotidien de bon nombre d'étudiants qui quittent le cocon familial pour poursuivre leurs études.

J'ai pris 25 kilos.

Cette année-là, j'ai obtenu un récépissé qui m'a permis d'aller en vacances à Dakar pour Noël.

« Tu as grossi » était le « Comment se passe ton adaptation en France ? » Un oncle m'a même dit en me voyant : « Oh, je pensais qu'on perdait du poids lorsqu'on faisait ses études ! » J'avoue que je n'ai pas su quoi répondre. Je n'ai pas réussi à lui dire que j'étais malheureuse et que manger du Nutella® tous les vendredis était la seule chose qui m'apportait du réconfort dans ma nouvelle vie.

Je suis rentrée en janvier. Je m'étais fait quelques amis que j'ai retrouvés. La vie sociale a commencé à devenir plus intéressante. Je découvrais aussi la ville et la région.

En mars 2002, mon père est venu me rendre visite à Douai. C'était la première fois que je le revoyais depuis des vacances au Bénin, en décembre 1993.

Entre-temps, ma sœur était décédée. Il ne s'était pas déplacé à l'enterrement. J'avais besoin d'explications. Je n'en ai jamais eu.

J'ai pardonné, mais je n'oublie pas.

Ce jour-là, il était avec son frère. J'ai essayé de préparer un plat sénégalais. Je voulais l'impressionner. Ce fut un échec cuisant. Ils ont fini par acheter un kebab sur le chemin de la gare. Quelle honte !

Durant toute cette période, j'ai oublié la question des régimes.

L'AVENTURE WEIGHT WATCHERS

Le 14 janvier 2003, je pesais 144,7 kilos. Suite à une conversation avec une camarade de fac et la mère d'un ami qui perdait du poids, j'ai poussé la porte d'un centre Weight Watchers.

J'ai assisté à la réunion, très enthousiaste. J'appréciais le cadre, le côté accueillant, l'ambiance et le collectif avec cette idée de groupe de parole. Bref, j'ai adoré. Je me suis inscrite et j'ai décidé de me lancer dans cette aventure.

Après la réunion, j'ai fait un saut au supermarché pour faire des courses. J'ai acheté une grande boîte de Chocapic® et du lait. J'ai tout mangé.

> **« Le lendemain, j'ai commencé à compter les points. Objectif : être mince pour mes 20 ans, le 29 mai 2003. »**

J'avais un capital de 26 points à consommer par jour, et des points bonus lorsque je faisais une activité sportive.

J'ai acheté tous les livres de cuisine qui nous étaient présentés en réunion ainsi qu'un podomètre et la calculatrice de points – celle-ci me permettait d'additionner le nombre de points de ce que je consommais.

Je perdais entre 800 g et 2,5 kilos selon les semaines. Il arrivait que je prenne 500 g lorsque j'avais mes règles, mais rien de bien méchant.

En réunion, j'étais la star. Je perdais vite, je m'affinais à vue d'œil.

Je faisais du sport, principalement de la marche, parfois de la natation. J'étais dans une sorte d'euphorie que seule la perte de poids procure.

J'avais un objectif à atteindre.

> **Je vivais points, mangeais points, parlais points. Ma vie tournait autour de ce régime.**

J'étais très active sur le forum de Weight Watchers et je participais même à des rencontres entre régimeuses. Je lisais les témoignages de celles qui avaient perdu du poids avec envie et admiration.

Je cuisinais énormément, des bons petits plats. Je me souviens de ce cousin qui m'a appelée un jour au moment où je préparais des crêpes et qui m'a dit : « Je pensais qu'on ne mangeait pas de crêpes quand on était au régime. » J'ai très mal supporté cette réflexion, j'ai hurlé dans le téléphone que j'en avais marre de ses réflexions – soit dit en passant, il faut dire que sa mère et lui sont de grands spécialistes en la matière...

J'étais si fière de moi, si heureuse.

Comme je flottais dans mes vêtements, j'en achetai de nouveaux. Je réussis même à trouver des bottes adaptées à mon mollet aux Aubaines de La Redoute. Quel bonheur.

Le 29 mai 2003, je pesais 99,99 kilos. J'avais atteint mon objectif.

ÉTÉ 2003 : MINCE MAIS COMPLEXÉE

Quelques semaines après, c'était la fin de l'année universitaire. Je devais repasser des matières au rattrapage en septembre.

Je suis partie à Dakar pour trois semaines. Sur place, évidemment, j'ai été félicitée par certains. Mais d'autres m'ont dit de faire attention.

Les points avec l'alimentation à base de riz et de sauce, ce n'était pas une très bonne idée.

Je commençais à oublier le régime, ou plutôt à lâcher prise ? Je n'avais pas entamé la fameuse phase de stabilisation. À vrai dire, selon mon indice de masse corporelle (IMC), j'étais toujours obèse et j'avais encore une vingtaine de kilos à perdre.

J'ai essayé tant bien que mal de faire attention à ce que je mangeais, mais cela s'est avéré plus difficile qu'au début du régime. Cet été-là, je me sentais particulièrement grosse. Je ne voyais ni ne réalisais la perte de poids. Je voulais maigrir encore et toujours plus, et je n'étais pas concentrée sur la victoire du moment. J'entrevoyais la reprise inévitable de ces 40 kilos perdus.

Il faisait chaud et pourtant, je n'osais pas porter de manches courtes. J'avais honte de mes bras. Ils étaient toujours gros. J'avais bien perdu de partout, sauf des bras. Je les détestais ! Je ne choisissais que des manches longues, il m'était inconcevable de faire autrement. Je garde un très mauvais souvenir de ce fameux été 2003 caniculaire, où j'étais pourtant mince mais tellement complexée.

MON ROYAUME POUR UN KEBAB !

Un dimanche, pour gagner des points et obtenir l'équivalent des 30 points que constituait un kebab, je me suis mis en tête de ne pas manger de la journée et d'aller marcher pendant une bonne heure, voire deux. La combinaison estomac vide + activité physique + canicule ne m'a pas réussi : je me suis évanouie en plein milieu du kebab...

Je n'avais pas encore conscience que ce mode de fonctionnement relevait d'un trouble du comportement alimentaire : il fallait que j'évacue ce que je consommais pour pouvoir manger certaines choses sans culpabiliser. Mais je culpabilisais quand même...

Cet été-là, j'ai rencontré un jeune homme sur Internet. Je croyais que c'était l'homme de ma vie. Après quelques semaines de relation, plus de nouvelles de lui. J'ai découvert le ghosting ! Entre-temps, à la fac, j'avais échoué au rattrapage de mes partiels. J'allais devoir redoubler ma deuxième année.

Qui aurait cru, durant ce fameux été, quelques semaines avant mon inscription sur le forum Vive les rondes, dédié à la *size acceptance* (« acceptation et mise en valeur de sa taille »), que je deviendrais cette femme-là ? Cette femme qui, plus de dix-sept ans après, se sent en accord avec chaque partie de son corps et qui n'a pas peur de son histoire. Une histoire avec des kilos, des hauts, des bas. Une histoire de vie. Celle que je raconte ici.

INTERNET ET LA *SIZE ACCEPTANCE*

J'ai découvert le forum en tapant « où trouver des chaussures grande pointure ? ». À cette époque, j'avais décidé d'apprendre à vivre avec mes kilos. Je reprenais du poids. Je voulais savoir ce qu'il m'arriverait si j'arrêtais de penser à maigrir à tout prix et je me concentrais sur ce qui me posait vraiment un problème : m'habiller et me chausser.

J'ai commencé à ne plus trop me soucier de mon poids. Je poursuivais mes études tant bien que mal. Je suis partie vivre à Londres durant deux mois : là-bas, je me sentais particulièrement libre et heureuse.

J'ai alors créé mon premier blog sur la plateforme aufeminin. J'y publiais quelques photos de mon séjour dans la capitale britannique. J'ai également découvert Skyblog et je m'y suis inscrite – après quelques publications, je me suis toutefois résignée à supprimer ce blog car ma famille ne voyait pas cette exposition d'un très bon œil...

Parallèlement, je devenais de plus en plus active sur le forum Vive les rondes, où les blogs faisaient aussi fureur. Je visitais ceux-ci quasiment quotidiennement. Les filles y publiaient leurs « tenues du jour » à raison d'une à deux fois dans la journée. L'idée me plaisait énormément. J'y piochais des idées et des bons plans shopping.

En mai 2007, je suis tombée sur le profil de Velvet d'Amour. Elle annonçait son vide-dressing sur le forum Rondes et Jolies. J'ai décidé de me rendre à Paris pour y assister. J'étais intéressée car ses photos étaient très belles ! Elle avait de jolis vêtements, et nous portions la même taille.

> **« Avec Velvet d'Amour, je suis entrée dans le monde fabuleux d'une femme complètement à l'aise avec son corps. »**

Je la regardais se mouvoir et déambuler dans la pièce. Sa chambre était pleine de paillettes. Velvet était époustouflante. C'était la première fois que j'étais éblouie par la beauté de quelqu'un.

Elle m'expliqua qu'elle était mannequin grande taille. Je ne savais pas que cela existait ! Elle avait déjà défilé pour Jean Paul Gaultier et John Galliano. Une star.

Cette rencontre avec Velvet a sans doute été décisive dans ma relation au corps et à la beauté.

L'EXPÉRIENCE AMÉRICAINE

Peu après, j'ai effectué mon premier voyage aux États-Unis. Sur les conseils de Velvet, j'avais dressé l'inventaire de toutes les boutiques dans lesquelles je pourrais m'habiller. Je connaissais par cœur le plan du Walden Galleria Mall à Buffalo sans y avoir mis les pieds !

TORRID, LA BOUTIQUE DE MES RÊVES

Pour la première fois de ma vie, je suis entrée dans un magasin où tout m'allait sans exception, même les bracelets, qui étaient étudiés pour les poignets forts. C'était incroyable ! Les vendeuses étaient grosses et avaient du style, des piercings, les cheveux colorés, des tatouages. Une identité très forte et marquée. Des femmes qui ne pouvaient passer inaperçues. Elles n'étaient absolument pas invisibles. Chez Torrid, je me suis sentie importante. Ce jour-là, je crois même que j'ai pleuré.

Je pleure régulièrement dans les magasins lorsque je vais aux États-Unis. L'expérience shopping y est différente. L'accueil est différent. Arriver dans une boutique où personne ne vous regarde avec dédain à cause de votre poids, où personne ne vous dit « nous n'avons pas votre taille » est une expérience que je souhaite à chacune.

Jusqu'à présent, m'habiller et me chausser représentait la plus grosse difficulté par rapport à mon poids. Grâce à ce premier voyage aux États-Unis, j'avais réussi à trouver mon bonheur et je connaissais désormais les enseignes où trouver des vêtements qui me plaisaient. Je me suis sentie revivre.

ÇA COMMENCE À BOUGER DANS L'HEXAGONE

Automne 2007 : en France, les choses semblaient évoluer. À Lille, où je vivais, un magasin anglais du nom de New Look venait d'ouvrir ses portes dans le centre commercial Euralille, en plein centre-ville. Il y avait également une boutique MS Mode, et la gamme « Big is Beautiful » (BiB) H&M était encore disponible dans le magasin lillois.

Un peu plus loin, dans la rue piétonne, je pouvais me rendre chez Ulla Popken, et Les Aubaines de La Redoute avaient une boutique à deux stations de métro de là. Quant à Chauss'mini Maxi, la boutique dans laquelle je trouvais mon bonheur pour me chausser, elle n'était qu'à quelques mètres. Bref, à Lille, faire du shopping quand on était ronde était un pur bonheur. J'essayais, je testais, je prenais des selfies dans le miroir avec un téléphone loin d'être aussi performant que mon smartphone d'aujourd'hui.

Mon premier achat chez New Look était un trench enduit doré et une paire de ballerines. Je m'en souviens car j'ai pris une photo avec le trench le soir de l'anniversaire de mon amie Séverine et je l'ai postée dans la foulée sur le blog que je venais de créer sur Vive les rondes !

J'y avais associé cette légende : « Bonjour, je m'appelle Gaëlle Vanessa mais vous pouvez m'appeler Vanoue. J'ai 24 ans, je vis à Lille et je suis étudiante en droit. Je voudrais partager mes tenues du jour comme vous. Merci pour votre accueil. »

À partir de ce moment, je me suis mise à poster quotidiennement mes photos sur le blog. Je racontais aussi mon quotidien en tant qu'étudiante, je parlais un peu de mes amies, de mes sorties, mais surtout beaucoup de shopping. J'en faisais énormément, je participais à des vide-dressings et autres bourses aux vêtements.

Ma vie commençait à tourner autour du blog et de mes rencontres. Je me rappelle même avoir fait le déplacement à Paris pour assister à une soirée « Rondes et Jolies » que j'ai détestée.

J'étais dans une euphorie très particulière. La même que lorsque je perdais du poids.

HYPERTHYROÏDIE VS HYPOTHYROÏDIE

Quelques mois après, j'ai commencé à maigrir sans changer mon mode de vie, et sans efforts.

Je n'accordais pas d'attention au fait que j'avais constamment la diarrhée, et les pieds plus enflés que d'habitude. Je mincissais, et c'était génial de pouvoir m'habiller dans de plus petites tailles.

Aux États-Unis, je trouvais même des modèles dans les magasins standards.

Ma maman a commencé à me faire remarquer que j'étais souvent essoufflée lorsque je lui parlais au téléphone, et ce même lorsque je n'étais pas en mouvement. Elle insistait pour que je consulte un cardiologue, mais je n'en faisais qu'à ma tête.

Finalement, en juillet 2008, j'ai pris rendez-vous chez un cardiologue à Paris. Je suis arrivée en retard et survoltée dans son cabinet. Mon cœur battait vite, très vite, ma tension était particulièrement élevée, mes jambes gorgées d'eau et douloureuses. Il m'annonça d'emblée que nous ferions des analyses, et qu'il suspectait une hyperthyroïdie. Quelle ne fut pas ma surprise d'apprendre que j'héritais de ce dérèglement hormonal dont avaient souffert ma grand-mère et ma mère.

La maladie de Basedow entra dans ma vie cet été-là. J'avais perdu une quarantaine de kilos en quelques mois. J'étais redescendue sous la fameuse barre des 100 kilos, celle qui fait tant rêver.

> **J'étais beaucoup moins heureuse d'avoir perdu du poids puisque la responsable était une maladie. L'euphorie retombait...**

J'avais tous les symptômes d'une activité trop intense de mon organisme : sommeil agité, stress, transpiration excessive, irritabilité. J'étais une vraie boule de nerfs.

Le premier traitement a consisté à rééquilibrer ma thyroïde, me donner des somnifères, du fer et un médicament contre l'hypertension, en attendant un rendez-vous avec un endocrinologue au CHU. Problème : on ne m'avait pas expliqué que dans les premiers temps, il fallait me faire suivre de très près pour réguler ce traitement. Je l'ai donc pris durant trois mois.

J'ai commencé à reprendre du poids. De mémoire, une dizaine de kilos dès les premières semaines. Ma voix ralentissait lorsque je parlais. Je manquais d'énergie. J'avais énormément de crampes.

Lors de mon rendez-vous chez l'endocrinologue, il s'est avéré que j'étais passée de l'hyperthyroïdie à l'hypothyroïdie. Cela a constitué mon quotidien durant les huit années qui ont suivi. Une valse entre hypothyroïdie et hyperthyroïdie.

MES BONNES FÉES

En mars 2009, j'ai déménagé à Paris pour un stage. Ma vie de jeune travailleuse commençait. Parallèlement, je tentais tant bien que mal de suivre mon traitement.

C'est à l'automne 2009, lorsque j'ai emménagé à Boulogne-Billancourt, que j'ai rencontré l'endocrinologue qui me suit jusqu'à présent : Martine, l'une de mes bonnes fées. À aucun moment elle n'a tenu de propos grossophobes ou stigmatisants à mon encontre. Lors de notre premier rendez-vous, elle m'a simplement dit : « Que puis-je faire pour vous ? » Elle n'a jamais insisté pour que je perde du poids, car elle savait bien que ce n'était pas le problème à traiter.

Elle a tenté de me soigner durant quelques années. Malheureusement, j'avais du mal à suivre le traitement avec rigueur. Je n'arrivais pas à équilibrer ma thyroïde. J'avais également compris une chose assez simple : je perdais du poids lorsque je ne prenais pas mes médicaments...

> **Le choix était donc fait. Je préférais être moins grosse plutôt que de me soigner.**

C'est terrible lorsque j'y repense, mais je considérais que c'était bien de perdre du poids, d'entrer dans les cases, de me conformer à une certaine norme. Pourtant, j'étais foncièrement malheureuse, triste et déprimée. Au bout de quelques années de traitement sans succès, Martine m'a proposé de procéder à l'ablation de ma thyroïde.

J'ai accepté de prendre rendez-vous avec le chirurgien, mais sans que nous fixions de date pour l'opération. J'avais peur de cette dernière. Peur de mourir sur le billard. Peur de ne rien contrôler.

Quant à mon poids, il était complètement déréglé. Que je suive ou non le traitement, cela ne changeait rien : je grossissais constamment.

En février 2015, l'endocrinologue m'a proposé d'aller explorer « ailleurs » : « Je ne peux malheureusement plus rien faire pour vous. Et si nous allions voir ce qui se passe dans votre tête, et pour quelle raison vous n'arrivez pas à suivre votre traitement ? » J'ai donc pris contact avec une thérapeute spécialisée en dynamique émotionnelle, Caroline. Mon autre bonne fée.

Le premier rendez-vous a eu lieu mi-février 2015. Je lui ai raconté mon enfance. Et j'ai longuement parlé de ma grande sœur, que j'ai perdue un peu avant d'atteindre l'âge de 12 ans, le 1er mars 1995. Quelques jours après son décès, une petite fille dont les parents étaient proches de la famille est entrée dans la classe où je m'étais réfugiée durant la récréation en disant : « Gaëlle, c'est vrai que Sylvana a pris des comprimés ? »

> **C'est la seule et unique fois où des mots ont été mis sur les circonstances de sa disparition.**

Ma sœur était une adolescente libre, insouciante, rebelle en apparence. Elle avait 18 ans. Elle a vécu l'espace d'un matin, telle une rose, et dans sa liberté, elle a décidé de mourir, de partir librement.

J'ai évoqué mon père, avec lequel je ne vivais pas ; j'allais en vacances de temps en temps chez lui, c'est tout. Je ne comprenais toujours pas pourquoi il n'était pas venu à l'enterrement de Sylvana.

Je lui ai expliqué que j'avais un grand frère – même père même mère, comme on dit chez nous – ainsi que deux petites sœurs et deux petits frères du côté paternel, mais que je ne les connaissais pas vraiment.

C'était quelques jours avant de m'envoler pour Dakar, où je me rendais à l'occasion des célébrations prévues pour les vingt ans du décès de ma sœur.

Ce premier rendez-vous a été particulièrement éprouvant.

Au départ, j'y suis allée parce que cette thérapeute était également hypnothérapeute. J'imaginais me rendre à une séance d'hypnose pour traiter mon problème de thyroïde, puis que nous n'en parlerions plus. Mais que nenni !

Ce fut le point de départ d'une aventure émotionnelle sans commune mesure.

Elle m'a proposé de revenir pour une séance d'hypnose avant mon départ pour Dakar. Histoire de vivre les cérémonies le mieux possible...

VINGT ANS APRÈS

Je suis partie à Dakar quelques jours avant le 1er mars 2015. J'avais été contactée par différentes télévisions et radios sénégalaises pour parler de mon blog. J'ai donc été occupée par une mini-tournée des plateaux à mon arrivée, et je n'ai pas eu vraiment le temps d'appréhender le poids de ces célébrations.

Pour les dix ans du décès de Sylvana, on m'avait chargée de rédiger un texte et de le lire à la messe de requiem. Je me rappelle l'avoir lu à la psy que je consultais à l'époque. Elle m'avait félicitée. À mon arrivée à Dakar, mes tantes ont demandé à le voir et ont souhaité que je retire certains passages. J'étais censurée, encore une fois. Comme lors de l'enterrement de ma sœur, lorsque j'avais voulu lire un texte et qu'on me l'avait refusé. Comme pour ce journal intime que je tenais à l'adolescence, dans lequel je criais ma colère et qu'on m'avait sommé d'arrêter d'écrire.

> **À plusieurs étapes de ma vie, on m'a censurée, on a voulu m'empêcher de m'exprimer.**

Alors cette année-là, en 2015, j'ai tout simplement décidé de me taire. Ni discours, ni rien. J'étais présente, mais j'avais besoin de m'effacer. D'observer et d'écouter.

Mon père était là. Il a alors pu découvrir un texte lu en hommage à ma sœur lors de son enterrement, vingt ans auparavant. Ce moment était particulièrement fort. Ma mère et lui étaient très émus.

J'imagine qu'il a alors réalisé un certain nombre de choses. Moi, j'ai réalisé que bon nombre de personnes présentes étaient un immense soutien depuis toutes ces années.

Après le repas, nous nous sommes rendus au cimetière à Thiès. C'est là que ma sœur est enterrée. J'y retourne régulièrement, à chaque fois que je vais au Sénégal.

C'est la première fois que j'y allais avec mes parents. Mon frère, dévasté, n'avait pas pu se joindre à nous. Il avait dû rester aux États-Unis, où il vit depuis plusieurs années. C'était aussi la première fois que je revenais à Thiès avec mon père depuis ce fameux jour où la photo de moi en minijupe avait été prise, alors que j'avais 7 ans. Finalement, tout s'est mieux passé que je ne l'imaginais. J'ai pleuré avant la messe, mais j'étais heureuse d'être là. Bien entourée.

« IL Y A QUELQUE CHOSE DE MORBIDE EN MOI »

De retour à Paris à la fin du mois de mars, j'ai informé la thérapeute que je ne pouvais plus la voir régulièrement à cause de mes faibles revenus.

Elle m'a alors proposé une réduction conséquente sur le tarif de la séance, et m'a invitée non pas à des séances individuelles, mais collectives. Il s'agissait de sortes de groupes de parole qui duraient trois heures, et dans lesquels nous étions entre trois et huit personnes. Chacun venait y déposer son lot de problèmes, de névroses et d'histoires douloureuses.

Entre avril et novembre 2015, j'ai passé le plus clair des séances en larmes.

Exprimer mon histoire me faisait pleurer, parler de ma sœur me faisait pleurer. Et la souffrance des autres m'était insoutenable.

J'ai tout entendu durant ces séances. Cela me faisait tellement froid dans le dos que je frissonnais sans cesse.

J'ai appris que ma tristesse et ma colère étaient légitimes. J'ai appris que ma douleur avait autant de valeur que celle d'un autre. Il était régulièrement question de mon poids, mais ce n'était pas le sujet central.

J'ai compris pourquoi, petit à petit, j'avais pris de la place physiquement, avec mon corps : pour ne pas être invisible suite au décès de Sylvana.

> **J'ai compris que j'avais comblé l'absence de ma sœur et le manque de mes parents avec la nourriture que j'ingérais.**

J'ai compris que l'hyperthyroïdie avait fait irruption dans ma vie car j'avais de nombreuses choses à exprimer sans pouvoir le faire.

Il était question de ma sœur, du désordre et du vide immense qu'elle avait laissés dans nos vies, du tabou autour de son suicide. Du fait que je ne parvenais sans doute pas à ingérer des médicaments pour me soigner car elle avait avalé des comprimés pour mourir.

Il était question de cette notion du « foutu pour foutu », alors autant ne pas me soigner et accepter que la mort m'emporte petit à petit. « Il y a quelque chose de morbide en moi » est une phrase que j'ai eu à répéter souvent pour travailler sur mon obésité morbide.

Il était question de laisser libre cours à mes émotions. Moi qui ne me mettais jamais en colère, lors de ces séances, j'ai appris à crier et à taper sur des coussins. C'était une épreuve. J'étais admirative de ceux qui y arrivaient. J'ai toujours pleuré et ri, mais je ne me donnais pas droit à la colère.

RENOUER AVEC LA VIE

Vendredi 13 novembre 2015 : les attentats. Ce soir-là, je devais dîner avec une connaissance du côté d'Oberkampf. Ma paresse légendaire m'a poussée à rester dans un quartier à deux stations de métro. Je me suis ensuite retrouvée dans le brouhaha de la rue, les sirènes des camions de pompiers hurlaient, les métros étaient fermés. La peur, l'incompréhension. La mort partout. J'ai donc passé la nuit chez cette connaissance. Comme beaucoup, j'ai dû dormir deux ou trois heures tout au plus. Le lendemain, dans les toilettes, je me suis mise à pleurer à chaudes larmes. Je tremblais, je ne pouvais pas m'arrêter.

> **« À ce moment précis, j'ai compris que je tenais à la vie, qu'il était temps que je profite pleinement de chaque instant. »**

Tout pouvait s'arrêter à tout moment. J'aurais pu être en terrasse la veille. J'ai donc décidé d'accepter l'ablation de ma thyroïde. Il a ensuite fallu plusieurs mois pour équilibrer mon traitement et réguler le fonctionnement de cette glande qui me faisait passer par des hauts et des bas.

Le 10 avril 2016, rendez-vous chez le fameux chirurgien : nous avons pris rendez-vous pour le 11 mai 2016. Il m'a promis de faire une « jolie cicatrice pour les photos du blog ». Il avait raison, elle est quasiment imperceptible.

Le rendez-vous chez l'anesthésiste a été particulièrement désagréable. Il m'a demandé de lister mes problèmes de santé, si je fumais. Tout allait bien. Mes analyses étaient parfaites. Je l'ai alors entendu me dire :

« Nous avons quand même un gros problème !
— Ah bon ? Lequel ?
— Votre obésité. Que comptez-vous faire ? Avez-vous pensé à vous faire opérer ?
— Est-ce le sujet aujourd'hui ? ai-je répondu. Dois-je perdre 50 kilos d'ici l'opération ? »

Il a compris au ton de ma voix que sa remarque était déplacée...

La veille de l'opération, une séance d'hypnose m'a permis de trouver le calme.

> **J'avais peur, mais je sentais qu'un poids serait retiré.**

Mon père, présent à Paris à cette période, m'a accompagnée avec un ami de la famille. Ils m'ont aidée à m'installer pour l'hospitalisation.

Le lendemain, alors que j'étais sur le brancard, l'infirmière-anesthésiste a tenté de me piquer le dos de la main. Elle ne trouvait pas ma veine. Je lui ai indiqué que je souhaitais être piquée, dans le creux du coude, en lui montrant exactement où. Elle a insisté, me piquait à différents endroits, soufflait... Et elle a fini par me dire : « Ah, vous ne nous aidez pas avec votre masse graisseuse. » Nouvelle violence médicale. J'ai essayé de rester calme. De faire abstraction de cette mauvaise énergie avant d'être endormie... En salle de réveil, je me suis mise à pleurer à chaudes larmes. Le chirurgien s'est enquis de mon état avec une certaine inquiétude dans la voix. Je lui ai répondu que j'étais fière de moi, fière d'avoir passé ce cap.

La nuit qui a suivi a été difficile. Puis je suis rentrée chez moi. Mon amie Daphné est venue passer quelques jours pour me tenir compagnie.

LA (RE)DÉCOUVERTE DE CELLE QUE JE SUIS

Trois semaines après, j'étais sur pied pour fêter mes 33 ans, le 29 mai 2016. C'est à la même époque que j'ai entamé un travail d'accompagnement sur ma communication. *Mon objectif était de vivre pleinement de mon blog* – j'avais quitté mon emploi trois ans auparavant, je naviguais entre CDD et indemnités Pôle emploi. Cet accompagnement a commencé par la redéfinition de mon identité digitale. Mon défi de la première semaine était de rédiger un « énoncé de mission personnelle » dans lequel je reprenais mon parcours personnel et professionnel.

J'y racontais comment, ces dernières années, je m'étais cachée derrière bon nombre de pseudonymes sur Internet. En jouant systématiquement un rôle de pitre, j'avais perdu mon identité morale, ne serait-ce qu'à travers mes différents noms (je me faisais appeler Vanoue, Vanouelicious ou Curvy Vanoue ; le blog avait pour titres « Les pitreries de Vanoue » puis « The Curvy and Curly Closet »). J'avais également perdu mon identité physique, car je me cachais derrière des kilos superflus depuis l'âge de 7 ans. C'est à cet âge que j'avais souhaité faire de la danse classique, mais un adulte m'avait stoppée net dans mon élan en affirmant qu'à cause de mon poids, je ne saurais jamais danser... Il m'a fallu vingt-cinq ans pour découvrir que c'était un mensonge, et que la danse était même une forme d'expression corporelle qui me correspondait tout à fait et pour laquelle j'étais plutôt douée.

J'y racontais mon adolescence, l'échec des régimes successifs, mon départ brutal du Congo, puis du collège où j'avais vécu le *fat shaming* (la stigmatisation des personnes grosses). Je m'y souvenais des cours de théâtre avec la troupe de mon école, qui m'avaient permis de me découvrir une réelle passion pour la scène.

J'y racontais aussi un problème avec une robe avant une cérémonie de mariage à Dakar à laquelle j'étais invitée. N'ayant rien à porter pour cet événement, j'avais fondu en larmes. Ce jour-là, je pris cette décision : je n'aurais plus jamais de problème pour m'habiller.

J'y revenais sur mes débuts dans le blogging, les rencontres au fil des années, la façon dont j'étais « retombée amoureuse » de ma nature de cheveux. Notamment mon « big chop » le 28 juillet 2009 – me raser la tête pour retrouver mes cheveux au naturel.

> **Depuis, je ne m'imagine pas autrement qu'avec mes cheveux crépus.**

J'évoquais les plateaux télé, les couvertures de magazines, les participations à la *fashion week* grande taille à New York, étapes de cette aventure merveilleuse dans laquelle je suis finalement arrivée par hasard.

Cela m'a permis de comprendre que je m'étais, jusque-là, laissée porter par le cours des choses. J'avais eu des opportunités, mais je ne les avais jamais réellement créées par moi-même.

J'ai pris conscience que je voulais devenir pleinement actrice de ma vie. Cela prolongeait la démarche entamée avec la psychothérapie, un an auparavant, pour m'aider à débloquer certaines de mes peurs : celle de l'inconnu, celle de la réussite, celle de vivre pour moi et avec moi, tout simplement.

Je notais aussi que mon but, à ce moment précis, était de réussir à monétiser toutes mes activités, à organiser les *fashion weeks* grande taille à Paris et à Dakar, à ouvrir une boutique de vêtements grande taille à Dakar.

« Dans dix ans : je me vois maman, à la tête de différentes entreprises toujours liées à la mode, d'un *talk-show* à la Oprah Winfrey. Entretemps, j'aurais fait la couverture du magazine *Amina* et j'aurais été interviewée dans "Sept à huit" (sans doute d'ici 2018). » Nous sommes en 2020 au moment où j'écris ces lignes. Bon, le *timing* est un peu chamboulé je crois...

J'AI COMPRIS...

... que ce n'était pas un hasard si j'avais fait du théâtre : cela me préparait à la prise de parole en public pour pouvoir témoigner mais aussi motiver ceux qui souhaitent entamer le chemin vers l'acceptation de soi.

... que ce n'était pas un hasard non plus si j'avais choisi la mode pour m'exprimer car finalement, le vêtement est fait pour cacher la nudité et pour s'exprimer.

... que j'avais appris à mettre mes émotions à nu, à les partager et ainsi passer outre le jugement de l'autre.

... que mon hyperthyroïdie n'était que le résultat de la colère contenue toutes ces années dans ma gorge. (Mon ablation de la thyroïde était programmée quelques semaines après ; je ressentais qu'il était impératif que je sois en bonne santé pour accomplir ma mission.)

... que je perdrais du poids dans les mois/années à venir, mais que cela ne changerait en rien ma vision de la mode, qui se devait d'être inclusive. En revanche, je souhaitais poursuivre cette mission en étant plus libre de mes mouvements.

... que j'avais des talents d'oratrice, avec la capacité de convaincre d'autres personnes de leur valeur (alors que je ne savais réellement définir la mienne).

... que je n'étais plus un pitre. J'étais celle qui avait réussi à créer non seulement une communauté de lectrices qui adhéraient à ses prises de parole en faveur de la valorisation de la mode pour tous et de l'acceptation de soi, mais aussi celle qui étais parvenue à fédérer des dizaines de blogueuses autour d'un challenge mensuel (le challenge French Curves avec le hashtag #FrenchCurves).

#GAELLEHEALTHYCHALLENGE

Dans le cadre de ce travail d'accompagnement, la « coach » m'a donné une mission : m'entraîner pour participer à la course La Parisienne et lancer sur les réseaux sociaux le hashtag #GaelleHealthyChallenge.

Je n'ai pas réalisé que j'entamais à nouveau une démarche tout sauf body positive...

J'avais de l'admiration pour cette personne qui, à moins de 30 ans, occupait déjà des fonctions importantes, avait réussi à perdre une trentaine de kilos en quelques mois et avait participé au marathon de Paris. Ses performances m'épataient.

J'ai alors suivi ses conseils : marcher au moins 30 minutes par jour et boire 1,5 litre d'eau par jour minimum. L'opération de la thyroïde ainsi que le nouveau traitement que j'allais désormais suivre à vie m'avaient fait clairement dégonfler. Ma silhouette s'était affinée, j'étais de nouveau euphorique !

Je m'entraînais régulièrement pour la course. J'organisais même des séances avec des abonnées motivées, je participais à des séances de bootcamp avec un coach sportif.

J'ai dans la foulée partagé le hashtag #GaelleHealthyChallenge pour annoncer que je participerais à cette course, et vous savez quoi ? C'est vraiment au moment où j'ai commencé à lire les commentaires et les encouragements que j'ai compris à quel point ce défi était important.

Important parce qu'il était nécessaire que je me libère du traumatisme causé par mes derniers cours de sport au lycée, durant lesquels mes camarades de classe se moquaient systématiquement de moi car j'étais la dernière à l'arrivée.

Le 11 septembre 2016, je réussissais la course et rédigeais ces lignes sur mon blog :

> **Moi, Gaëlle Prudencio, 142 kilos, j'ai participé à la course La Parisienne.**

Ces 6,7 kilomètres, je les ai parcourus en marchant, pendant 1 heure et 17 minutes. Je me suis réconciliée avec le passé. Avec tout ce que je pensais ne pas être capable de faire et qui, aujourd'hui, me semble possible parce que j'ai décidé que ça l'était. Parce que je me suis autorisée à le croire.

À chaque défi que la coach me lançait, je répondais « Oui, OK, oui » sans réfléchir. Puis arrivaient les interrogations : « Vais-je y arriver ? Comment faire ? Suis-je certaine de réussir ? Et si ça ne marche pas ? »

Étonnamment, pour relever ce défi-là, boucler cette course dédiée aux femmes, je ne me suis pas posé de questions. Je ne savais pas si j'en étais capable, mais une chose était sûre : je souhaitais relever ce défi. Celui de me dépasser et me confronter à une certaine réalité physique.

Cela faisait quatre mois jour pour jour que j'avais été opérée de la thyroïde, une nouvelle étape dans ma vie qui, finalement, n'était rien comparé à ce que je ressentais à la fin de la course. Cette citation attribuée à Confucius prenait tout son sens : « On a deux vies, et la deuxième commence quand on se rend compte qu'on n'en a qu'une. »

En parcourant ces kilomètres, j'ai imaginé mon avenir. Je me suis vue comblée et toujours aussi vivante. Je me suis vue femme, cheffe d'entreprise, maman.

> **Je me suis vue en Gaëlle Prudencio. Celle que j'ai cherchée si longtemps et que je suis en train de façonner. J'ai enfin cessé de me voir uniquement à travers mon poids et mon physique.**

Ces 6,7 kilomètres m'ont conduite à décider officiellement de me prendre en main. De perdre du poids. De le perdre réellement. De me débarrasser pour de bon du poids du passé. De tout ce qui me pesait. Ces 6,7 kilomètres ont représenté ma renaissance. Le début d'une nouvelle vie. De ma deuxième vie. De ma vie. Celle dont je suis le sujet et l'actrice principale.

DES HAUTS… ET DES BAS

J'ai alors signé un contrat avec moi : être descendue sous la barre des 100 kilos en septembre 2017 et participer à La Parisienne en courant et non en marchant. « Maintenant que j'ai vu que je suis capable d'atteindre un objectif réel que je me suis fixé, je suis prête pour que les choses sérieuses commencent. Je ne me suis jamais sentie aussi bien dans ma peau qu'aujourd'hui. Je ne me suis jamais autant aimée qu'aujourd'hui. C'est donc le moment idéal pour faire les meilleurs choix pour moi. »

Ces lignes, je les ai écrites. Je pensais chacun de ces mots. Je ne les renierai pas mais je les regrette amèrement car cette décision n'était pas la mienne : elle était dictée par ce programme d'accompagnement.

> **Je savais que se fixer consciemment comme objectif de perdre 42 kilos en un an était tout sauf sain pour mon mental et mon corps mais j'y allais quand même. J'y allais gaiement même.**

Sauf qu'à partir du moment où j'ai terminé la course, rédigé mon article devenu viral et éteint mon ordinateur, je me suis retrouvée seule face à moi-même avec une angoisse terrible d'échouer.

La course m'avait dégoûtée de la marche. J'ai mis trois semaines à m'en remettre. Je n'étais d'ailleurs pas encore tout à fait rétablie de mon opération de la thyroïde. J'étais malheureuse, et une autre nouvelle allait chambouler le cours de ma vie et de celle de ma famille...

Début octobre 2016, alors que je me rendais à mon premier cours de vélo un samedi matin, ma cousine Marie Yvonne m'a appelée pour me donner les résultats des analyses qu'elle avait faites suite à de violents maux de ventre. Elle avait un cancer des voies biliaires.

Je n'ai pas tout compris. J'ai eu l'impression que le ciel me tombait sur la tête. Pourquoi cette jeune fille brillante d'à peine 20 ans ? Pourquoi elle, si innocente ?

J'ai passé plusieurs jours, voire plusieurs semaines, sans sortir de mon lit. J'étais déprimée, je me sentais impuissante. Je n'arrivais plus à avancer sur mon blog, sur les projets mis en place pour le monétiser et en vivre pleinement. J'étais dévastée.

J'ai confié à la coach mes difficultés à me concentrer, je lui ai parlé de l'angoisse qui me rongeait. Elle m'a alors déclaré : « Tu es paresseuse. Tu te sers du cancer de ta cousine pour ne pas faire le job. »

> **J'ai rarement entendu des propos d'une telle violence à mon encontre.**

Impossible de reprendre l'accompagnement avec elle : je décidai d'en rester là. Si la personne censée m'accompagner ne pouvait pas s'adapter et faire preuve d'empathie, comment lui faire confiance ?

J'avais accepté énormément de choses de sa part jusque-là, car elle me poussait dans mes retranchements pour tirer le meilleur de mes capacités. Je voyais déjà les bénéfices de notre travail ensemble, et je ne pourrai jamais nier cet apport considérable dans ma vie. Mais en parallèle, j'avais perdu confiance en moi.

C'était comme si je ne savais plus réfléchir par moi-même. Comme si une partie de ce que j'écrivais sur mon blog ne m'appartenait plus, comme si mon image était façonnée pour correspondre à un certain esthétisme, comme si je me perdais en cours de route.

> **Au moment où j'ai entendu « tu es paresseuse », j'ai eu l'impression que tout le travail que j'avais abattu jusque-là était remis en question.**

Moi ? Paresseuse ? Alors que je ne dormais plus depuis des mois, que j'étais stressée, que je m'étais même mis à dos une partie de la blogosphère car je n'étais plus « Gaëlle la bonne copine rigolote ». Ne voyant pas d'issue, me sentant perdue, désorientée car persuadée que sans cet accompagnement, je n'étais rien et je n'y arriverais pas, je décidai de faire une pause dans le blogging.

Je ressentais cela comme un échec. Je n'arrivais plus à faire de la marche, je n'avais pas atteint la barre des 20 000 followers sur Instagram que je m'étais fixée avant la fin de l'année 2016, je n'avais mis aucun produit sur le marché, j'avais dépensé énormément d'énergie et investi beaucoup d'argent dans cette « transformation ». J'étais vidée.

IBILOLA, C'EST PARTI !

Heureusement qu'une psy m'accompagnait durant cette période, car sans la possibilité de m'exprimer sur ce que je ressentais, je me serais clairement enfoncée dans la dépression qui me rongeait déjà.

Au moment où j'ai pris la décision de lâcher prise, une ancienne collègue de l'entreprise Mim, au sein de laquelle j'avais effectué plusieurs CDD, m'a contactée pour me proposer un poste d'assistante administrative au service juridique. Après avoir commencé à l'administration du personnel puis avoir fait du *community management* au service marketing, je retrouvais mes premières amours : le droit du travail.

Avant ma prise de poste, je suis partie pour deux semaines à Dakar afin de me ressourcer. Les mois passés m'avaient éprouvée, et l'atmosphère familiale était lourde compte tenu de l'état de santé de Myvonne. Je ne l'avais vue qu'un week-end depuis le début de sa chimiothérapie. À l'époque, je n'avais pas encore conscience du combat qui nous attendait...

Au bout de quelques jours à Dakar, après avoir mangé les bons plats du pays, j'ai repris des forces !

Lors de ce séjour, j'ai repensé aux jupes en wax que je faisais régulièrement confectionner sur place : des jupes patineuses avec des poches (parce que les poches, c'est la vie !). Je les portais régulièrement sur mon blog, et je recevais des compliments de mes lectrices. En 2011, je leur avais même posé cette question : si je décidais d'en faire fabriquer, les achèteriez-vous ? J'avais reçu des réponses positives, mais j'en étais restée là.

Durant l'été, j'avais testé la confection de boucles d'oreilles : rien de concluant. J'avais aussi pensé à vendre des *lace wigs*, mais non ce n'était pas non plus moi. Les jupes sont tout de suite devenues une évidence. J'ai négocié plusieurs pièces de tissu avec ma maman, qui a ensuite fait venir un tailleur pour en réaliser quelques-unes.

> **C'est là qu'est née Ibilola. Le nom de la jupe. J'ai sans hésiter choisi de lui donner le nom béninois de ma sœur.**

Je voulais célébrer son vœu d'être styliste, pour satisfaire son amie qui aurait aimé s'habiller en « Prudencio » – à l'occasion d'un Mardi gras, Sylvana avait réalisé une longue jupe pour une cousine et pour moi. Je la portais le jour où on nous a annoncé son décès, avec cette phrase : « Votre sœur nous a quittés. »

C'est tout cela, Ibilola.

Vingt ans après sa disparition, mon deuil était, je pense, bel et bien entamé...

LA PERTE DE POIDS : TOUJOURS DANS UN COIN DE MA TÊTE

Durant le fameux Healthy Challenge, j'avais recommencé à consulter une nutritionniste. Je n'étais effectivement pas complètement folle pour me lancer dans une perte de poids conséquente toute seule ! Il avait alors été question de me faire entrer en cure d'amaigrissement dans une clinique, pour mincir et réapprendre à manger.

Je n'étais pas très à l'aise avec la question de la perte de poids alors que je me réclamais du mouvement body positive. C'était vraiment confus dans mon esprit. Je me rappelle avoir été virulente à propos des personnes qui recouraient à la chirurgie de l'obésité, sans tenir compte des circonstances de vie de chacun. Si jamais vous lisez ces lignes, je vous demande pardon.

Nous étions au premier trimestre 2017, j'étais bien dans ma peau, mais une volonté de performance – principalement pour les réseaux sociaux – me poussait à montrer que je réussissais tout ce que j'entreprenais !

> **J'étais encore convaincue que mon poids définissait ma valeur.**

Je ne suis pas allée en cure tout de suite, par peur, par manque de confiance en moi, par manque de motivation. Pour plein de raisons. Toutefois, le projet était dans un coin de ma tête.

J'ai passé les cinq premiers mois de cette année entre mon contrat chez Mim, le lancement d'Ibilola et au moins deux week-ends par mois à Montpellier, où j'allais rendre visite à Myvonne.

En mai 2017, une fois mon contrat chez Mim officiellement terminé, je me suis rendue à Cotonou, au Bénin, pour la première fois depuis treize ans, afin d'y acheter des tissus pour la marque. Là, j'ai redécouvert mon pays, passé du temps avec mon père, visité quelques villes, fait connaissance avec mes sœurs, qui avaient bien grandi.

> **Ibilola me permettait d'écrire un nouveau chapitre de mon histoire.**

Ce séjour, même s'il a duré moins d'une semaine, a été intense. Il m'a révélée à moi-même. J'ai eu envie d'y retourner et surtout d'y travailler officiellement avec des couturières et ma cousine Jeannine, qui m'aidait à rechercher les tissus.

MON SÉJOUR À LA CLINIQUE DE VILLECRESNES

J'avais pris 10 kilos en quelques mois. De retour à Paris, j'ai commencé à me préparer pour entrer à la clinique afin d'y suivre une cure d'amaigrissement. J'ai entamé les démarches, monté mon dossier administratif, attendu une date d'admission. J'ai stressé, je me suis posé une multitude de questions... Trois mois après, c'était bon : je suis arrivée à la clinique pour trois semaines.

Je pensais mettre ma vie entre parenthèses : en réalité, je ne me suis jamais sentie autant au centre de ma vie que durant cette période. J'avais un deal avec moi-même : vivre cette expérience de façon positive. Être prête à accueillir tout ce qui s'y déroulerait sans aucune pression.

> **« Mon but n'était pas de perdre du poids, mais d'apprendre exactement ce qu'est un mode de vie sain. #GaelleHealthyChallenge full effect ! »**

Durant cinq jours, on m'a fait toute une batterie d'examens médicaux, et j'ai rencontré plusieurs spécialistes. L'esprit était bienveillant. Exit la grossophobie. Après un bilan de santé complet, une confirmation : j'étais dans une forme olympique. L'aventure pouvait commencer.

Durant cette cure, j'ai appris à manger, découvert ce qu'est l'équilibre alimentaire. Appris que la nourriture, c'est la vie dans tous les sens du terme et que c'est du plaisir. Jusqu'alors, pour moi, faire attention à ce que je mangeais équivalait à de la restriction.

On nous servait trois repas par jour et deux collations. Les diététiciens nous avaient donné une liste d'aliments préférés à cocher pour que nous ne soyons pas frustrés durant les repas. J'ai échappé aux salsifis et aux asperges, que je n'aime pas du tout ! En revanche, j'ai redécouvert certains légumes ou céréales. J'ai repris goût à certaines associations, à la variété dans l'assiette. Je me suis mise à écouter mon corps. La faim et la satiété, je ne connaissais plus. Je mangeais parce qu'il fallait manger, ou parce que j'avais une émotion ou un manque à compenser.

« Pourquoi je mange...? » Eh bien j'ai appris des exercices pour me recentrer, faire le point sur mes émotions et réussir à m'apaiser autrement qu'en grignotant.

RÉAPPRENDRE L'EFFORT PHYSIQUE !

J'ai compris la nécessité du sport pour une meilleure hygiène de vie. J'étais dans le groupe de ceux auxquels une activité physique intense n'était pas contre-indiquée. J'aurais pu compter sur mes genoux défaillants pour me défiler... mais que nenni ! Le programme ? Dix heures de sport par semaine :

- **marche ;**
- **renforcement musculaire à sec ;**
- **aquagym.**

Hey, franchement, c'était dur, et à la base, je n'étais pas venue ici pour souffrir ! J'étais en cure durant les épisodes caniculaires, je peux vous dire que j'ai largement dépassé ma consommation de 2 litres d'eau par jour. On était très loin du camp de vacances !

Là-bas, plusieurs rencontres m'ont fait grandir, mais aussi prendre conscience du quotidien de personnes qui souffrent réellement de leur obésité – ce qui n'est pas mon cas. J'ai pris une sacrée claque. Le plus dur à vrai dire, ce n'était pas le sport ou l'absence de sucre. Le plus dur, c'était de faire face à toutes les émotions qui me traversaient quand les personnes qui luttent depuis toujours contre leur corps, leur poids, leur image et leur estime d'elles-mêmes me racontaient leur chemin de vie.

> **Il n'y a pas d'échecs dans la vie.**
> **Il n'y a que des victoires retardées.**

D'ici septembre, c'était certain, je n'allais pas descendre sous la barre des 100 kilos. En revanche, si je n'avais pas eu ce défi à relever, je crois que je n'aurais pas vécu cette expérience – ou peut-être pas aussi simplement, avec juste la volonté d'apprendre. Avec la force de dire : « Je ne sais pas comment faire. J'ai besoin d'aide. » J'avais besoin de déconnecter pendant un temps pour prendre soin de moi, et on m'a aidée à le faire. C'est sans doute une des plus grandes preuves d'amour que je me suis donnée jusqu'à présent.

Je n'avais pas vraiment d'objectif de poids en tête. Mais je ne voulais plus avoir mal aux genoux, pouvoir vraiment marcher librement et danser durant des heures sans avoir à m'asseoir à cause de la douleur. Cette expérience m'a également appris à être plus indulgente avec moi. À y aller sans pression.

MON NOUVEL ÉQUILIBRE

Rien n'a été facile, et je n'étais pas devenue un gourou du bien-manger. Je ne consommais toutefois plus de sucre, à part celui des fruits, je ne grignotais que très peu et c'était toujours lorsque je n'avais pas pris de petit déjeuner ou que j'avais sauté un repas – donc je savais exactement ce qu'il me restait à faire. Je prenais de nouveau plaisir à me concocter des petits plats et je mangeais moins à l'extérieur (ce qui faisait de sacrées économies !). Je me bougeais toujours. Dès que je le pouvais, j'allais marcher, même si je n'avais rien de prévu hors de chez moi : j'en avais tout simplement besoin. Et puis... je vivais !

RÉGIME HYPERPROTÉINÉ : LE RETOUR !

Dès la rentrée 2017, j'ai recommencé à prendre du poids. J'avais relâché mes efforts, rencontré un homme merveilleux, et je travaillais énormément. Je ne m'écoutais plus.

Fin septembre 2017, j'ai été interviewée dans « Ça commence aujourd'hui », sur France 2. Le sujet portait sur la grossophobie. Cette émission a été un accélérateur de notoriété. J'étais rayonnante à l'écran, et si heureuse de faire ce que j'aime le plus : parler devant un auditoire.

Durant ces mois très intenses, j'ai une nouvelle fois décidé de prendre contact avec une nutritionniste, car je trouvais que celle de la clinique ne me cadrait pas suffisamment. J'ai été servie ! Elle était à l'exact opposé de mes convictions et de mes valeurs. Je ne sais pas pour quelle raison j'ai continué à la consulter et à suivre son programme alimentaire, qui consistait en un régime hyperprotéiné. Un de plus ! Cette fois-ci, j'avais en plus des compléments alimentaires ainsi que des protéines animales à consommer sans modération.

J'ai perdu les premiers kilos assez rapidement. Une quinzaine entre octobre et mi-novembre.

> **« Mais je ne me sentais pas à l'aise avec cette perte de poids. Je la trouvais trop rapide. Je sais à quel point cela ne me convient pas et entraîne une reprise presque immédiate. »**

Les honoraires de ce médecin étaient exorbitants, son discours allait à l'encontre de mon rapport au corps et ne tenait pas compte de mes perturbations émotionnelles. J'ai d'ailleurs eu à prendre de la dopamine et des endorphines durant cette période. L'une devait me calmer et réguler mes craquages alimentaires, les autres devaient me rebooster en plein hiver.

En fait, j'étais devenue une vraie pile électrique, irritable.

Je me trouvais néanmoins dans une sorte d'euphorie. Vous savez, celle des débuts de la perte de poids. Je travaillais aussi énormément pour peu de résultats, mais je devais persévérer car j'avais « quelque chose à prouver ». Je voulais montrer à ma famille que je réussissais dans ma démarche de création d'entreprise, malgré les multiples difficultés financières et logistiques.

J'avais du mal à accepter les commentaires sous mes photos, qui se résumaient à ma perte de poids. J'avais l'impression d'être en complet désaccord avec moi-même : d'un côté je prônais le body positive, et de l'autre je fondais à vue d'œil...

ÇA N'EST PAS MOI SUR LES PHOTOS

Fin novembre 2017, je fêtais mes dix ans de blogging en grande pompe avec des lectrices de mon blog, des membres de ma famille, des amies et cet homme merveilleux. J'étais heureuse. Fatiguée mais heureuse. Quelques jours, après, direction Dakar pour les fêtes de fin d'année.

J'ai beaucoup dormi durant les premiers jours. J'étais exténuée. J'avais l'impression que la pression des semaines précédentes retombait petit à petit.

J'y ai également organisé un *afterwork* dans le cadre des événements Curves & Cocktails. C'était une aussi belle soirée que celle de Paris et en plus c'était chez moi, à Dakar.

Lorsque je regarde les photos, je remarque à quel point ma physionomie avait changé. Mon image me dérangeait. Je ne me reconnaissais pas. Je me trouvais différente et n'appréciais pas celle que je voyais.

> **Et comme toujours, ma perte de poids était au centre de la conversation, ce qui me mettait mal à l'aise.**

Mon hyperphagie boulimique a refait surface dès mon arrivée à Dakar. Autant dire que le programme alimentaire prescrit par la nutritionniste est vite passé aux oubliettes…

« TU AS LAISSÉ PARTIR LA PETITE GAËLLE »

Au début du mois de janvier 2018, l'application de suivi de mon cycle menstruel a commencé à m'envoyer des notifications persistantes. J'avais un retard de règles. Je n'y ai pas fait attention au début, tout occupée à profiter de mes vacances.

J'étais enceinte. J'ai eu le sentiment que le monde s'écroulait autour de moi. La fatigue, l'hyperphagie, la physionomie changeante, tout venait de là.

Quelques jours de réflexion m'ont suffi pour prendre la décision d'interrompre cette grossesse. J'ai donc commencé l'année 2018 par un avortement. Au sens propre comme au sens figuré.

J'ai abordé la question dans le podcast « Me, my sexe and I ». Lorsque j'échangeais en off avec Axelle, elle m'a dit quelque chose de très intéressant : « Ce n'est pas vraiment une grossesse que tu as interrompue, tu as surtout laissé partir la petite Gaëlle. Il fallait qu'elle se matérialise physiquement. » C'est exactement le sentiment que j'ai eu. Celui de laisser filer mon innocence et d'entrer de plein fouet dans l'âge adulte : 35 ans.

C'est avec mon corps que j'avais pris l'habitude de m'exprimer : en prenant de la place physiquement, en prenant du poids ou en en perdant énormément. Il fallait alors que la petite Gaëlle se manifeste physiquement, en quelque sorte.

J'ai bien aimé cette métaphore, elle m'a permis de transformer cette épreuve et de ne pas culpabiliser. Car cette décision je l'ai prise en pleine possession de mes moyens, en accord avec moi-même. Je partage ici ces lignes pour toutes celles qui ont vécu ce type d'expérience, ou qui la vivront.

> **Ton corps, tes règles, tes choix. Merci Simone.**

J'ai mis neuf mois à m'en remettre physiquement. Et à cette épreuve est venue s'en ajouter une autre : le décès de Myvonne.

J'ai énormément pleuré en 2018. Du moment où j'ai appris ma grossesse jusqu'à la fin de l'année.

« SHOW MUST GO ON »

J'avais l'impression de vivre deux vies. Je passais certaines journées dans mon lit pour essayer d'oublier la douleur que je n'arrivais pas à réellement exprimer. Cette douleur incompréhensible d'avoir perdu ma cousine, après ma grande sœur. En parallèle, je travaillais beaucoup, et ma notoriété ne cessait de croître. *Je devais « faire le job » sur les réseaux sociaux, à la télé, lors d'événements.*

J'ai d'ailleurs écrit un billet intitulé « Show must go on ». Il y était question de la façon dont j'ai dû apprendre à danser sous la pluie, à vivre en équilibre, à me challenger pour ne pas sombrer à partir du décès de ma cousine. J'avais oublié à quel point cela faisait mal de perdre un être cher. À quel point le processus de deuil passait par différentes étapes nécessaires.

Ce qui m'a permis de tenir et d'arriver à vivre mon rêve malgré tout ? Le souvenir de l'une de mes dernières conversations avec Myvonne. Elle avait remarqué mon silence sur les réseaux sociaux et la tristesse dans mon regard.

J'ai dû lui parler de mon interruption de grossesse. C'est la seule personne de ma famille avec qui je l'ai évoquée.

Je la revois se lever de son lit d'hôpital avec ses perfusions et venir me prendre dans ses bras en me disant : « Je suis fière de toi, de ce que tu fais. Je suis fière de dire que tu es ma dada. Continue à profiter et à faire ce que tu fais, continue à te foutre des gens et de ce qu'ils pensent. »

> **Moi la dada, la grande sœur, j'étais redevenue une enfant qui avait besoin d'entendre ces mots pour grandir et avancer malgré son désarroi.**

Je n'ai pas eu l'occasion de le lui dire, mais c'est grâce à ce qu'elle m'a dit que j'ai réussi à reprendre l'écriture, à recommencer à partager des articles sur mon blog. C'est grâce à elle que j'ai compris que la vie est un immense terrain de jeu dont je fixe les règles. C'est grâce à elle que j'ai repris le dessus. C'est en fait l'héritage qu'elle m'a laissé.

Jusqu'à ce moment, je vivais et croquais la vie à pleines dents pour deux : ma grande sœur Sylvana et moi. Depuis 2018, j'ai ajouté ma cousine, ma petite sœur, mon amie, ma confidente à cette équation. C'est tout ce qui compte désormais.

REVENIR À MOI

Autant dire que tous ces chamboulements – que dis-je, ce tsunami émotionnel – n'ont absolument pas arrangé la situation au niveau de mon comportement alimentaire... Manger était mon seul refuge. Je devais combler le vide immense en moi.

J'ai essayé de retourner chez la nutritionniste, mais je n'arrivais pas à suivre ses prescriptions alimentaires. J'avais autre chose à penser. Et j'étais redevenue obsédée par le contrôle de mon alimentation. Je n'avais pas besoin de ça... J'ai donc décidé de mettre un terme à ce programme. Sa réaction a été assez agressive. Elle a déclaré que je manquais de volonté et que je n'arriverais jamais à perdre de poids.

> **Classique, cette idée que les personnes obèses manquent de volonté. Violent.**

Cela m'a confortée dans l'idée que je faisais le bon choix. Arrêter de la voir et de revenir à moi. Nous étions en mai 2018. J'avais vraiment besoin de me retrouver.

Le second trimestre de cette année a été difficile sur le plan émotionnel, mais merveilleux du point de vue professionnel.

Je n'ai pas compté mes heures. Je me suis réfugiée dans le travail. J'ai accepté tous les contrats qui m'étaient proposés. Tant que je n'avais pas à penser à ma douleur, tout allait bien. J'étais d'ailleurs tellement occupée que je ne me rendais que très rarement chez ma thérapeute.

Il faut dire qu'entre octobre 2016 et mars 2018, j'avais intégré des trajets à Montpellier dans ma routine, et j'avais en quelque sorte du temps à combler. En décembre 2018, je me suis rendue aux États-Unis pour passer les fêtes de fin d'année chez mon frère et sa famille. Déconnecter de la vie parisienne m'a fait le plus grand bien : à force de travailler avec acharnement, je n'avais pas revu mes nièces depuis plus de trois ans.

J'ai profité de toute l'énergie positive et de toute l'affection que les Prudencielles (le surnom que je leur donne) m'ont données pour me recentrer et profiter de l'instant présent.

LA FIN D'UN CYCLE

En janvier 2019, de retour en France, j'ai eu beaucoup de mal à gérer le décalage horaire. Je me souviens de m'être réveillée en sueur un matin de la mi-janvier avec l'impression d'étouffer et le besoin irrépressible de sortir de chez moi.

J'ai enfilé ma tenue de sport préférée et je me suis rendue au parc pour marcher. Le parcours fait 5 kilomètres. Je le connais par cœur. C'est celui que j'arpentais lorsque je me préparais pour la course La Parisienne.

Ce matin-là, j'ai décidé de modifier mon itinéraire et de le prendre dans le sens inverse. En marchant, je me suis surprise à hurler, à pleurer, à rire. Toutes ces émotions me venaient de façon incontrôlée. Je pense que c'était la première fois depuis très longtemps que je m'autorisais à exploser.

> **« À la fin du trajet, j'ai réalisé que cela faisait un an, jour pour jour, que j'avais interrompu ma grossesse. »**

Les jours suivants ont été difficiles. Une amie rencontrée grâce aux réseaux sociaux est décédée. Elle m'avait énormément soutenue lors du décès de Myvonne. Elle s'appelait Oli. Encore la disparition d'une femme jeune dans mon entourage.

Je suis heureuse de l'avoir connue. Cela n'a duré que quelques semaines, mais ce fut un honneur. Elle a inspiré des milliers de femmes dans leur désir d'être « belles contre le cancer ».

Le premier trimestre 2019 est passé assez vite. Je suis retournée au Bénin pour travailler et créer de nouvelles collections. J'ai continué à explorer mes origines.

Je me sens particulièrement apaisée lorsque je vais à Cotonou. Je m'inspire de tout ce que j'y vois pour mes créations Ibilola. J'en profite pour organiser des shootings et travailler avec les meilleurs créatifs de la place.

D'un point de vue professionnel, l'année 2019 m'a permis de renforcer la notoriété de ma marque, de doubler son chiffre d'affaires et d'asseoir ma crédibilité en tant qu'entrepreneuse.

DISPOSER DE SON CORPS : UN DROIT

En mai 2019, plusieurs États américains ont durci les conditions du droit à l'avortement. *J'ai passé des nuits blanches en pensant à toutes ces femmes dont le corps était régi par la seule volonté des hommes.*

J'ai alors rédigé une publication pour les soutenir. Elle m'a valu les remontrances d'une tante, qui estimait que ce sujet devait rester secret. C'est assez intéressant et violent de noter qu'à aucun moment elle ne m'a dit : « Je suis désolée que tu aies dû vivre cette épreuve seule, et je regrette de ne pas avoir pu te soutenir. »

En lui tenant tête, j'ai réalisé à quel point j'avais appris à m'affirmer et à suivre mes propres règles. J'étais certes triste, mais très fière d'avoir réussi à exprimer ma colère.

Je ne suis plus en mesure de garder le silence sur des sujets touchant bon nombre de femmes, qui s'isolent et se murent dans le silence par la suite.

Je place la santé mentale au cœur de ma démarche d'acceptation de soi. Cela passe par l'acceptation de mon histoire. Je n'ai pas à avoir honte de celle-ci.

LE POIDS DES ÉMOTIONS

Les mois qui ont suivi se sont déroulés entre Paris, Dakar et Atlanta. J'étais fatiguée, je ne gérais absolument plus mon alimentation. J'avais repris tout le poids perdu l'année précédente… avec un bonus. Classique.

Pour la première fois, je me sentais lourde et mal dans mon corps. J'ai commencé à avoir des maux de dos. Tout devenait trop lourd. J'avais trop de poids émotionnel à porter. Je continuais néanmoins à travailler sans compter les heures.

J'ai par chance pu passer une grande partie de l'été avec mes nièces à Atlanta. Cela m'a permis de déconnecter un peu, même si c'est compliqué lorsque l'on travaille sur les réseaux sociaux. Cette période m'a néanmoins apaisée. La présence de ces petites personnes a un effet thérapeutique sur moi.

Aux États-Unis, je me sens libre. D'un point de vue physique j'entends. Je peux faire du shopping sans avoir le sentiment d'être différente. Je me sens représentée partout.

> **J'ai beau être à l'aise dans mes vêtements et dans mon corps, être hors norme n'est pas chose aisée tous les jours.**

Je profite donc de ces moments aux États-Unis pour vivre ma meilleure vie.

Stabiliser mon poids est toujours difficile, et l'équilibre fragile de ma thyroïde en pâtit grandement. Il faudrait presque que je vive avec mon endocrinologue pour réussir à ajuster mon traitement !

Je pensais que l'opération changerait tout, mais quatre ans après, c'est toujours la même chanson...

COMMENT LA CUISINE EST ENTRÉE DANS MA VIE

En juin 2020, nous sommes sortis de deux mois de confinement liés à la crise sanitaire de la Covid-19. Je venais de fêter mes 37 ans et pour la première fois depuis très longtemps – voire toujours –, je me suis sentie en paix. Physiquement, mentalement, émotionnellement.

> **« Ce confinement, je l'ai vécu comme un voyage initiatique. J'ai pleuré, j'ai rigolé, j'ai parlé toute seule... et j'ai cuisiné. »**

J'ai réalisé à quel point la solitude pouvait me miner, mais je me suis également rendu compte que j'aime vivre seule.

J'ai vu passer de nombreuses publications concernant une prise de poids durant cette période. Des propos et des montages photos grossophobes très durs pour un certain nombre de personnes, dont moi. Violents parce que je n'avais pas peur de prendre du poids : ma peur, c'était de retomber dans mon hyperphagie alimentaire, de revivre des épisodes de grignotage et de réussir difficilement à remonter la pente.

Je ne me suis pas sentie fragilisée par le fait de rester chez moi, mais par l'angoisse de mourir seule en France d'une pandémie, de perdre un membre de ma famille à l'étranger sans pouvoir me rendre à ses obsèques, de devoir gérer de nouveau un voire plusieurs deuils à cause de la Covid.

Je craignais de ne pas arriver à traverser ce confinement et de sombrer loin…

> **« Quelle ne fut pas ma surprise d'aller réellement à ma rencontre durant cette période, et ce en partie grâce à ce qui me faisait le plus peur : la cuisine ! »**

Pendant de longues années, mon réfrigérateur et mes placards étaient souvent vides. Mon stress : les remplir et en vider le contenu en un temps record. Je ne faisais que très peu de courses et lorsque c'était le cas, il s'agissait d'aliments à consommation immédiate.

De par mon mode de vie, je suis souvent invitée dans des événements où on grignote, ou je vais régulièrement au restaurant. J'adore bruncher avec mes amies. J'ai toutes les applications de livraison de repas sur mon téléphone.

Jusqu'alors, cuisiner était une perte de temps pour moi. Autant dire que lorsqu'il a été question de faire les premières courses pour le confinement, j'étais perdue ! Comme si je devais tout réapprendre.

La première semaine, j'ai fait un mix de pâtes/riz/pommes de terre/plats surgelés/chocolat (au cas où). J'avais de la farine chez moi. Mon amie Danielle m'a conseillé de préparer un gâteau que je pourrais grignoter de temps en temps plutôt que des produits industriels. J'ai donc fait un gâteau au yaourt, puis j'ai décidé de tester différentes recettes. Il y a eu des ratés plutôt drôles !

J'étais particulièrement fière de manger ce que j'avais réussi à préparer. Je me rappelle avoir été surprise par l'odeur de la tarte aux pommes qui cuisait. J'avais du mal à croire qu'elle provenait de mon four à moi !

> **Cette période a été l'occasion de renouer avec la cuisine, certes, mais surtout avec certains sens comme le goût et l'odorat.**

J'ai redécouvert certains aliments, notamment lorsque j'ai commandé des fruits et des légumes directement chez le producteur.

J'ai aussi eu envie de retrouver les saveurs de mon enfance. J'ai donc commencé à préparer des beignets comme ceux qu'on vend dans la rue. On les appelle *makala, mikate, puff puff, boflotos* ou encore *boto-koin* selon les pays d'Afrique.

J'ai également préparé des plats qui demandent du temps et de la méthode.

J'ai beaucoup réfléchi à mon rapport à l'alimentation, à mon comportement alimentaire. J'ai réalisé que les moments où j'ai vraiment cuisiné dans ma vie étaient ceux durant lesquels j'étais au régime, notamment lorsque j'étais à l'université. Je préparais des petits plats pour mes amies, mais je n'appréciais pas d'en faire pour moi seule.

J'ai aussi repensé au fait que la cuisine était un espace dont j'étais systématiquement chassée quand j'étais enfant, car je cherchais à goûter tous les plats.

Ai-je voulu m'éloigner de ma ressemblance avec ma grande sœur en refusant tout lien avec la cuisine ? Il se trouve qu'elle était particulièrement douée dans ce domaine.

UNE NOUVELLE RELATION AVEC MOI-MÊME

Durant le confinement, je suis allée à la découverte de mon palais et de mes compétences. Me retrouver seule face à moi-même a été le point de départ d'une nouvelle relation avec la nourriture, qui nécessite que je m'implique, que je me fasse confiance et que je m'autorise à me faire plaisir, car la réalité, c'est que j'avais peur de manger, par angoisse de grossir. Et pourtant, je me réfugiais dans la nourriture pour combler le vide dans mon cœur.

Je suis au tout début de cette nouvelle relation avec moi-même. Celle où je me rends compte que je mérite de me nourrir avec de bons petits plats préparés par mes soins. Celle où je ne diabolise plus tel ou tel aliment, et où la culture des régimes n'a plus sa place. J'avais intégré cela depuis un moment, et pourtant, je commence à peine à pratiquer. Je ne sais pas si on peut dire que la cuisine, comme le sport, est un facteur de développement personnel. Ma certitude est que me retrouver seule face à mes peurs a été un déclencheur pour les affronter réellement.

Mes courses ne sont désormais composées que d'aliments frais à cuisiner soi-même. Lorsque je vois un produit au supermarché, je me dis désormais que je suis capable de le préparer toute seule.

« Je suis capable ». C'est là où j'en suis à l'instant T.

CHAPITRE 2

ENTREPRENDRE DANS LA MODE GRANDE TAILLE

2

LA PETITE MARCHANDE

J'ai « créé » ma première entreprise à l'âge de 8 ans. À l'époque, mes voisines et moi profitions de notre mercredi libre pour vendre des toffees faits maison. Nous nous cotisions pour acheter du lait concentré sucré à la boutique du coin afin de confectionner des petites boules de caramel. Nous proposions ces friandises aux commerçantes du quartier – les coiffeuses, la petite boutique de soins du cheveu... – mais aussi à nos voisins. Nous récoltions ainsi de quoi acheter une nouvelle boîte de lait concentré sucré ainsi que des friandises pour nous-mêmes.

Je ne sais plus combien de temps cela a duré, mais c'est mon premier souvenir de commerçante. Plus tard, lorsque j'étais étudiante et que je rentrais à Dakar pour l'été, je louais des chambres de notre maison à des étudiants français en stage au Sénégal durant cette période. Cela me permettait de remplir la maison de maman, vide à cette période de l'année, et de me faire un peu d'argent de poche pour mes vacances !

C'est en réfléchissant à mon parcours d'entrepreneuse que ces doux souvenirs me sont revenus à l'esprit. J'ai ainsi réalisé que j'avais toujours eu une âme de « commerçante ». En revanche, je n'ai pas décidé en un jour de créer mon entreprise. Tout a commencé par mon blog, et les différentes étapes de mon chemin vers l'entreprenariat se sont enchaînées. Je me rends compte, enfin, que j'ai sans doute créé mon entreprise afin de me tailler un métier sur-mesure – me sentir libre de mes mouvements et ne pas avoir à faire face à certaines situations comme la recherche d'un emploi en étant femme, noire et grosse. Donner naissance à mon propre média émane de la même volonté : je ne me reconnaissais pas dans les médias *mainstream* et je ne me sentais pas représentée. En résumé, j'ai donc trouvé ma voie en donnant de la voix, en racontant mes maux avec des mots.

MES DÉBUTS DANS LA *SIZE*

Lorsque j'ai découvert les forums dédiés à la *size acceptance*, il y était souvent question de se voir. Le shopping était l'un des sujets de prédilection. Nous échangions nos conseils mode en fonction de nos morphologies et nos bons plans. C'est d'ailleurs sur ce forum que j'ai découvert qu'il existait une bourse aux vêtements en ligne : nous pouvions y dénicher des modèles uniques venant des États-Unis, par exemple. J'ai très vite adhéré à ce mode de consommation. Je pouvais m'habiller à moindre coût, renouveler régulièrement ma garde-robe et, surtout, vendre mes propres pièces.

Je chinais également dans les vide-dressings du web, avant de commencer moi-même à en organiser. À Lille, la première fois, nous étions trois. Ce fut plus une séance de papotages autour d'un goûter qu'une véritable bourse aux vêtements !

Cela ne m'a néanmoins pas découragée car au fur et à mesure que je publiais sur mon blog sur Vive les rondes, ma communauté grandissait et portait un intérêt particulier à mes tenues – je trouvais de belles choses à ma taille aux États-Unis, où je me rendais régulièrement.

QU'EST-CE QUE LA *SIZE ACCEPTANCE* ?

C'est un mouvement né aux États-Unis dans les années 1970 – qui se traduit par « acceptation des gros ». Il a permis la libération de la parole des personnes victimes de grossophobie.

SUR LA ROUTE DES VIDE-DRESSINGS

À l'époque, je prévoyais toujours un petit pécule pour mes voyages afin d'acheter des pièces dans des tailles différentes de la mienne en vue de les revendre. J'ai fait des vide-dressings de Lille à Dakar en passant par Bruay-la-Buyssière et Lyon ! Mais l'un d'entre eux a tout fait basculer : celui de janvier 2009 à l'espace Kiron, à Paris. J'ai assisté à un défilé de mannequins très grande taille, il y avait des portants partout, l'endroit vibrait de femmes qui y trouvaient leur bonheur. J'étais avec ma cousine Carole – elle me rappelle souvent l'excitation dans laquelle j'étais ce jour-là !

Ah, quelle époque ! **Faire des kilomètres et des kilomètres pour trouver chaussure à son pied, et robe à sa taille.**

J'organisais également des retrouvailles entre quelques abonnées et amies dakaroises lorsque je me rendais au Sénégal pour les vacances, et je leur vendais des vêtements. Si la mode grande taille est proche du néant en France, imaginez le vide abyssal au Sénégal !

Ma maman avait énormément de mal à m'habiller en prêt-à-porter, et elle privilégiait les vêtements confectionnés sur-mesure chez le tailleur. Je me souviens aussi de cette fois où elle avait confié une certaine somme à une amie qui se rendait régulièrement aux États-Unis afin qu'elle fasse du shopping pour moi. Elle était revenue avec une valise entière de vêtements à ma taille, et parfois même trop larges pour moi. J'avais pris un immense plaisir à arriver sans ma blouse au lycée à la rentrée des classes, en prétextant que je ne l'avais pas encore achetée. Et ce juste pour qu'on remarque ma tenue en provenance des United States ! C'est dire à quel point c'était un événement dans ma vie.

> **Ne pas réussir à m'habiller a toujours été source de frustration, même si j'avais la possibilité de me rendre régulièrement chez le tailleur.**

Je subissais aussi pas mal de déconvenues chez ces professionnels : ils ne sont malheureusement pas tous doués pour confectionner des vêtements destinés aux personnes qui dépassent la taille standard érigée comme norme par l'industrie de la mode.

TALLA LE MAGICIEN

À Dakar, lors de mes dernières années de lycée, j'ai rencontré Talla, un tailleur qui a son atelier au marché Sandaga. Il a longtemps habillé ma tante Adélaïde : il était capable de lui coudre une robe en deux temps trois mouvements. C'est le seul qui, à ce jour, taille parfaitement tous les pantalons que je lui commande. C'est d'ailleurs lui qui a customisé l'une de mes robes dont la photo est devenue virale sur Internet il y a quelques années : un mix entre du wax et des paillettes.

TROUVER DE LA LINGERIE : MISSION COMPLIQUÉE !

Il y a certaines pièces dans la mode que l'on ne trouve pas facilement, que ce soit en Europe ou en Afrique : je parle bien sûr de la lingerie. Dénicher un joli soutien-gorge tendance maintenant la poitrine et mettant en valeur la silhouette sans l'emprisonner, c'était à l'époque quasiment impossible quand on avait une forte poitrine.

Lorsque je vais aux États-Unis, je n'hésite pas à me rendre deux ou trois fois dans les magasins de lingerie ; j'y passe quelques heures à essayer différentes coupes de soutien-gorge, par simple plaisir. Lorsque j'ai enfin celui qui est à ma taille, avec lequel je me sens soutenue, je sais que je peux prendre confiance en moi, car le bon soutien-gorge, c'est celui qui flatte une silhouette, quelle qu'elle soit.

C'est lors d'une session shopping dans un magasin Cacique, à Atlanta, que j'ai eu l'idée de lancer la Curvy Boutique, à Dakar. Il s'agissait de ventes éphémères : j'achetais des vêtements et de la lingerie aux États-Unis, que je revendais à Dakar lors de mes vacances sur place.

J'y ai pensé durant l'été 2013, lorsque j'étais au chômage. Je venais d'obtenir la rupture conventionnelle de mon contrat à durée indéterminée. Je ne savais absolument pas où j'allais, mais j'étais convaincue que mon avenir professionnel était intimement lié à la mode grande taille. J'ai suivi mon instinct et j'ai décidé de faire ce qui me rendait heureuse. Je me suis donc lancée dans ce concept, au format similaire à celui du vide-dressing qui avait connu son petit succès. À cette occasion, j'ai récolté les doléances de mes clientes : elles m'ont confirmé que ce qui leur manquait le plus, c'était la lingerie grande taille.

J'ai réitéré l'expérience à trois reprises, puis je me suis arrêtée faute de financements pour poursuivre l'aventure.

« MANNEQUIN GRANDE TAILLE, MODE D'EMPLOI »

J'avais en parallèle l'idée d'organiser des conférences sur la mode grande taille, envie née de ma rencontre avec Gwen DeVoe, l'organisatrice des Full Figured Fashion Week à New York.

> **Mon rêve était d'organiser et produire des *fashion weeks* et des événements shopping dédiés à la mode grande taille à travers le monde.**

Je me rendais tous les ans depuis 2010 à New York pour ces manifestations, et j'y ressentais une telle puissance ! L'énergie qui circulait à travers les conférences et les défilés était telle que je souhaitais apporter ce même bonheur aux femmes que je croisais régulièrement entre la France et le Sénégal.

Ayant peu de moyens, ne sachant pas par où commencer, j'ai néanmoins réfléchi à des rencontres autour de la mode grande taille. Je me suis fixé une date, j'ai commencé à communiquer sans pour autant avoir commencé à organiser l'événement. Autant dire qu'à un mois de la rencontre, c'était la panique à bord ! J'en ai parlé à mon endocrinologue, qui s'inquiétait de mon état de stress. Elle m'a alors communiqué les coordonnées d'une coach qui pouvait éventuellement m'accompagner pour m'apprendre à m'organiser.

Claire, qui lira ces lignes, se souviendra sans doute de la jeune femme arrivée avec trente minutes de retard à son premier rendez-vous. J'ai senti son exaspération. Je l'ai trouvée antipathique au possible car elle semblait déjà me juger ! Elle a néanmoins accepté de m'accompagner dans l'organisation de cette première conférence. Le thème était « Mannequin grande taille, mode d'emploi ». J'avais convié un mannequin, les créatrices d'une marque et une journaliste. Toutes évoluaient dans le milieu de la mode grande taille. C'était la première fois que je réunissais du public et que je faisais payer l'entrée !

J'avais réussi à mobiliser quelques partenaires, qui ont apporté des cadeaux promotionnels, et j'ai obtenu une certaine visibilité médiatique, notamment grâce à une chronique de Denise Epoté à mon sujet sur RFI. Autant dire que j'avais une certaine pression !

Je ne sais plus trop pour quelle raison je n'ai pas réitéré l'expérience. Disons qu'organiser cet événement avait mobilisé tellement d'énergie que sur le coup, j'ai eu peur de me relancer aussitôt.

RECULER POUR MIEUX SAUTER

Le chômage, c'est parfait pour monter son entreprise, mais sans aucun encadrement, c'est peine perdue. J'étais dans le flou total et je savais que financièrement, je ne tiendrais pas. J'ai donc émis le souhait de reprendre une activité salariée un peu plus d'un an après avoir quitté le confort de mon CDI.

Quelques jours plus tard, je suis tombée sur une offre pour un poste d'assistante administrative chez Mim, une grande enseigne de prêt-à-porter qui a fait l'objet d'un plan social en 2017. La fiche de poste était simple et me plaisait bien : il s'agissait d'effectuer des tâches administratives peu compliquées au service paye.

De plus, l'entreprise se situait à une dizaine de minutes de mon domicile. Un bonheur de ne pas avoir à gagner Paris en transports en commun pour me rendre au travail !

J'ai passé l'entretien dans la semaine et j'ai commencé le premier d'une longue série de CDD début juillet 2014. Ce contrat me permettait de renouer avec une vie sociale, car en réalité, je commençais à déprimer après plus d'une année au chômage, même si j'avais eu l'occasion de voyager, de rencontrer du monde, de monter un collectif de blogueuses grande taille avec le challenge French Curves, et d'organiser ma première conférence. Et pourtant je me sentais perdue et je regrettais d'avoir quitté mon emploi. Quel intérêt, si cela se solde par rester dans mon lit à dormir et pleurer durant des semaines.

J'ai passé quelques mois au service paye puis au service marketing et enfin au service juridique. J'avais entre-temps abandonné l'idée de la Curvy Boutique à Dakar même si, encore aujourd'hui, ce projet est toujours quelque part dans mon esprit.

SORTIR DE SA ZONE DE CONFORT

En 2016, soit trois ans après la première conférence, j'ai enfin décidé de me lancer de nouveau, cette fois-ci avec ce thème : « La mode et le poids des apparences ». Ce choix n'était pas anodin.

> **« *Le poids des apparences en milieu professionnel : l'obésité source de discrimination* était le titre de mon mémoire de master 1 de droit social. »**

Il y était question de grossophobie et de discrimination à l'embauche. Je m'étais beaucoup appuyée sur les travaux du professeur Jean-François Amadieu pour le rédiger. Cet éminent sociologue, j'allais le retrouver dix ans plus tard, assis à côté de moi dans l'un des fauteuils rouges de l'émission « Complément d'enquête », sur France 2, où étaient abordées les problématiques liées à l'acceptation de soi. On m'y avait invitée au même titre que lui, en tant que spécialiste de la question.

Revenons à mars 2016, pour la conférence : je trouvais que parler du poids des apparences dans la mode était un angle intéressant dans la mesure où nous aborderions la vision des corps, l'acceptation de soi, l'absence d'inclusivité et la place des personnes grosses dans la photographie. Pour l'occasion, j'avais invité une blogueuse, une chanteuse qui avait participé à un télé-crochet, un mannequin qui lançait un calendrier célébrant les femmes rondes ainsi que l'animateur d'une émission de relooking. Cette conférence se tenait dans le showroom d'une entrepreneuse à succès en plein cœur de Paris. Certains de mes articles de blog étaient à l'époque publiés dans le *Huffington Post*. J'avais donc bénéficié d'un bon relais médiatique, grâce à l'un des billets dans lequel j'évoquais cette conférence.

Cet événement a rassemblé une trentaine de personnes, un peu plus que la conférence précédente. Cependant, je n'en garde pas un bon souvenir. Quelques jours avant, j'ai été prise de panique. J'avais peur. Cette fameuse peur qui m'empêche parfois d'avancer et me fait même reculer lorsque j'entame un projet ou que je dois sortir de ma zone de confort.

Je me suis littéralement rendue malade au point de ne plus pouvoir m'alimenter. Par chance, j'ai eu la bonne idée de prendre rendez-vous avec ma thérapeute pour une séance d'hypnose qui m'a rassurée quant à mes capacités à réussir cet événement. J'ai ainsi mis un coup d'accélérateur pour la promotion et j'ai vendu les dernières places la veille de l'événement. Le jour J, j'étais épuisée et un peu dans un état second. Je me souviens que les débats n'étaient pas ceux que j'attendais, que l'ambiance n'était pas celle dont j'avais rêvé, et que je m'étais tellement mis la pression que je n'ai pas réussi à savourer l'instant présent.

EST-CE QUE CELA EN VALAIT LA PEINE ? OUI.

LETTRE OUVERTE D'UNE PARTICIPANTE À MA PREMIÈRE CONFÉRENCE

« Merci...

Je suis une femme lambda, je n'ai pas de blog ni d'entreprise, j'ai des coups de cœur et les partage sur Facebook...

Je suis une femme qui a été mince, voire maigre, qui mangeait comme quatre, à qui on demandait : « Mais où passe donc tout ce que tu manges ?... »

Je suis la femme à qui on se permet aujourd'hui de dire que je paie pour tous mes excès, que je perds ma beauté à force de grossir, devant qui on s'exclame :

« Quoi ? tu prends de la mayonnaise ? Mais tu ne devrais pas, tu as vu ton poids ? »

« Tu devrais faire du sport, tu sais... »

« On va avoir du mal à vous faire tourner » (lors d'un cours de salsa)

« C'est quand que tu redeviens comme avant ? »

Je suis cette femme qui entend tous les jours qu'elle est grosse, que ce n'est pas bon pour sa santé.

Je suis cette femme qui, depuis douze ans, s'acharne contre son poids et qui plus elle se bat, plus elle le voit gagner !

Je me suis isolée, j'ai refusé de voir d'anciennes connaissances, j'ai refusé des postes, j'ai refusé de rejoindre un amoureux, de revoir des ex car... je suis grosse.

Bien sûr quand on est mince, on trouve quantité de boutiques pour s'habiller. Mais quand on est grosse, cela devient plus compliqué. Plus je grossis, moins je peux m'habiller avec élégance, et plus je me cache aux yeux du monde !

Et puis j'ai vu une personne taguée sur Facebook, quelqu'un qui arborait un sourire immense, et, surtout, une femme fashion, qui portait ce que j'aurais aimé porter, des pièces qui lui allaient bien et qui, à travers sa pose, me faisait comprendre : « Fous-toi des autres ! » Je t'ai découverte, TOI, Gaëlle Prudencio, et petit à petit, grâce à ton blog, je redeviens « MOI » !

Il y a à peine un mois, j'ai commencé à essayer de comprendre ce processus d'acceptation de soi donc forcément, quand tu as mis en ligne l'annonce de ta conférence et son intitulé, je n'ai pas réfléchi longtemps, venir était incontournable. En sortant de la salle, j'ai tout de suite su le bien que cela m'avait fait, car quand on se fait enfin de nouveau draguer, c'est bien le signe qu'il s'est passé quelque chose. Cela prouve quelque chose. Je te remercie encore et encore. Forcément, je serai là à ta prochaine conférence.

CRÉATRICE DE MODE ET PLUS

Beaucoup de bouleversements se sont produits chez moi suite à cette conférence, en dépit du vague sentiment d'insatisfaction que j'éprouvais, et malgré les retours très positifs qu'elle avait suscités. Peut-être cette frustration fut-elle à l'origine de mon envie d'aller encore plus loin ?... Mon objectif était désormais de donner plus d'options aux femmes s'habillant en 42 et plus. J'avais dans l'idée d'aller m'installer aux États-Unis, mais pourquoi implanter ce projet dans un pays où tout était déjà en passe d'être fait, où les problématiques sont différentes ? Pourquoi ne pas créer en France et **étendre mon entreprise à mon continent d'origine** ? Comme je l'ai raconté dans le chapitre 1, page 44, j'avais décidé de faire fabriquer des jupes... les prémices d'Ibilola ! Les modèles confectionnés à Dakar sont arrivés par un contact quelques semaines plus tard. J'ai néanmoins mis du temps avant d'aller les chercher. La peur encore une fois... J'avais besoin que tout se décante dans ma tête.

Fin janvier 2017, je me suis finalement décidée à récupérer cette première collection. Mes collègues chez Mim m'ont aidée à réaliser les photos alors même qu'elles allaient perdre leur emploi à cause du plan social en cours. Puis j'ai lancé un casting *via* mon compte Facebook pour sélectionner mes premiers mannequins ainsi qu'une maquilleuse. La photographe était un contact rencontré sur Instagram quelques semaines auparavant. J'avais une idée précise du shooting que je souhaitais...

LA FEMME IBILOLA

La femme Ibilola s'habille en taille 44 et plus. Elle est active, aime bruncher avec ses amies, sortir, voyager. Elle porte sa jupe en wax avec des baskets, des escarpins, des sandales, une veste en jean, un perfecto, un crop top, un trench. La femme Ibilola est belle, elle se sent belle et bien dans sa peau.

Je souris à chaque fois que je pense à la femme Ibilola telle que je me l'imagine. C'est moi, et ce sont les lectrices de mon blog.

J'ai souvent rêvé du shooting d'Ibilola... J'ai rêvé de prendre les photos à Montmartre, d'entendre « L'hymne à l'amour » d'Édith Piaf résonner non loin de nous, en fond sonore. J'ai imaginé ce shooting non loin de l'appartement dans lequel j'avais rencontré le mannequin Velvet d'Amour la première fois. Le jour venu, un samedi de février 2017, il faisait particulièrement beau. Nous avons commencé à prendre les photos et, tout près de nous, un accordéoniste s'est mis à jouer « L'hymne à l'amour ». Incroyable !

> **J'ai senti que ma grande sœur Ibilola validait ce chemin que je prenais. Nous avons égayé cette rue de Montmartre ce jour-là.**

Moins de deux semaines après, j'ai dévoilé mon projet sur les réseaux sociaux. C'était le 1er mars 2017, un mercredi des Cendres. Plus de vingt ans après le 1er mars 1995, jour du décès de ma grande sœur. Ce jour revêtait désormais une autre signification. J'avais réussi à transformer toutes ces années de détresse et de tristesse en un projet rempli de promesses.

Je ne m'attendais pas à l'accueil extrêmement chaleureux qui a été réservé à Ibilola. Je n'en reviens d'ailleurs toujours pas, presque quatre ans plus tard. Tout comme je n'en reviens pas d'écrire un livre !

Il y a eu des dizaines de partages de mon billet à ce sujet, et des félicitations de personnes qui ne semblaient pas réellement s'intéresser à mon travail jusque-là.

La première collection a été épuisée au bout de... 15 minutes !

DE L'IMPORTANCE D'UNE COMMUNAUTÉ

À quoi tient la cohésion d'une communauté ? Comment fédérer une communauté ? Et pourquoi est-ce si important aujourd'hui ? Là est la question...

Lorsque l'on crée une marque dans la mode ou les cosmétiques, de type *digital native brand*, c'est-à-dire une marque qui est née du digital, on a besoin d'une communauté numérique afin de réunir autour d'un sujet, d'une thématique. Mon message était – et est toujours – celui de l'acceptation de soi. Et le besoin est d'habiller les femmes grande taille avec des vêtements positifs et colorés qui ne cachent pas leurs formes.

Au moment où j'ai créé Ibilola, j'avais donc déjà créé une solide communauté, très cohérente autour de ces thèmes – celle de mon blog ainsi que celle de French Curves –, que je pouvais transformer en clientèle potentielle. Pour beaucoup de marques, c'est le Graal.

> **« Pour ma part, je pense que la chose la plus importante, c'est d'être authentique. »**

Il y a sans doute des techniques de marketing et de communication que je ne maîtrise pas et que d'autres connaissent. En réalité, ce sont mon naturel et ma sincérité qui ont joué.

En technique de marketing, on parle du *storytelling* – cela désigne le fait de faire connaître son produit à travers l'histoire de sa création, montrer à la clientèle son « pourquoi ». Ce sont des techniques que je ne connaissais pas avant de structurer mon entreprise. Avant cela, tout ce que j'ai fait, je l'ai fait par instinct.

Lorsque j'ai décidé de créer une marque, je ne suis pas allée chercher un produit lambda, que je ne consomme pas forcément. Je me suis tournée vers quelque chose qui me ressemble : le vêtement et ce qu'il permet d'exprimer. La mode était mon sujet de prédilection depuis des années... Sur mon blog, ce que j'évoquais depuis le début, c'était ma frustration de ne pas trouver de vêtements à ma taille. On parle d'apporter de la valeur et de trouver une solution à un problème : le problème, c'était l'absence d'offre, ou en tout cas le marasme qu'était l'offre en matière de mode grande taille. Ma solution a donc été de créer des vêtements grande taille en pensant à toutes les femmes rencontrées ces dernières années.

J'aurais pu lancer une marque de mode comme il en existe des milliers, mais ça n'aurait pas eu de sens. J'avais besoin d'y attacher quelque chose qui m'appartient, à savoir l'Afrique.

> **Il y a un adage en Afrique qui dit : « Quand tu ne sais pas où tu vas, regarde d'où tu viens. »**

Quelque temps avant de créer Ibilola, je ne savais plus où j'allais. Je me suis posée chez moi, à Dakar, et l'idée a pris forme. Je suis retournée à la base, dans la chambre de ma maman, au milieu de ses tissus. C'est là que j'ai compris, que j'ai vu la direction à prendre. Mais même si j'avais déjà une communauté, cela ne signifiait pas que le succès était assuré. J'aurais pu lancer ma marque, voir que le style ne plaisait pas et passer totalement inaperçue !

Mon amour pour mon travail, pour cette marque et pour ma communauté transcende la virtualité des écrans. Je pense que c'est pour cela que ma communauté a adhéré. J'ai toujours créé du lien naturellement avec elle, en me racontant sans pour autant tomber dans l'exhibitionnisme, en étant toujours sincère. Aujourd'hui, avec Instagram, on a la possibilité d'être authentique et de se raconter à travers des *stories*, loin des images figées du *feed*.

J'aime aussi raconter l'histoire des personnes avec lesquelles je travaille au Bénin. Lorsque je suis sur place, je suis heureuse de donner de leurs nouvelles à ma communauté. Cela crée un lien nouveau et cela renforce ceux qui existent déjà. À l'heure où j'écris ces lignes, mon compte Instagram est en passe d'atteindre les 55 000 abonnés, et mon blog et le compte de ma marque, 10 000 abonnés. Il s'agit autant de la communauté Gaëlle Prudencio que de celle attachée à la marque et à son histoire.

LES VALEURS DE MA MARQUE

Toutes les personnes qui apprécient ma marque se retrouvent autour d'idées fortes :

- **porter des imprimés ;**
- **sortir des cases et du cadre de la mode ;**
- **être fière d'être soi-même ;**
- **ne pas avoir peur d'être remarquée.**

Le choix du wax n'est vraiment pas anodin car c'est un tissu qui nous rend visibles alors que nous sommes souvent invisibilisées.

Quand je parle d'authenticité, j'aime citer l'exemple de la marque de Rihanna, Fenty. La star affirme qu'elle crée des vêtements, de la lingerie inclusive et du maquillage pour les filles comme elle ou celles de son entourage.

Je sais aujourd'hui que j'ai trouvé ma voie avec cette ligne de mode. J'ai surtout le sentiment que je devais passer par toutes ces étapes pour en arriver à cette marque.

LE MONDE (PAS TOUJOURS MERVEILLEUX) DE L'ENTREPRENEURIAT

Tout ce parcours, je l'ai fait avec mes tripes et mon expérience de blogueuse. Je n'ai jamais suivi aucun cours sur le sujet. Mon expertise, je l'ai développée toute seule, grâce à mes lectures, mes rencontres et mes voyages. Je tiens à le préciser et à rappeler qu'il est possible de réussir sans avoir fait de longues études.

Avec Ibilola, j'ai fait beaucoup de choses à l'instinct, comme de proposer un système de précommandes, faute de fonds à avancer pour obtenir du stock. Finalement, ce choix s'est avéré le meilleur car il évite tout gaspillage de tissu. C'est une production parfaitement raisonnée.

> **« L'entrepreneuriat, selon moi, ce n'est pas toujours de créer une entreprise à proprement parler. C'est d'abord et avant tout entreprendre sa vie et prendre le pouvoir de celle-ci. »**

Créer Ibilola n'est que la partie visible de toutes les décisions que j'ai prises pour avoir une vie épanouie et être heureuse dans mon quotidien. Avec ma marque, je suis polyvalente : tantôt webmaster, tantôt commerciale ou chargée de communication, des relations presse, du service après-vente, de la logistique, et même mannequin. Internet et notamment Instagram ont tendance à « glamouriser » les entrepreneurs et à faire croire que tout est beau pour eux dans le meilleur des mondes.

C'est faux, je le dis : créer son entreprise, c'est difficile. C'est un gros investissement financier, physique et moral. Et oui, il y a des jours où j'ai envie de tout envoyer valser, où je me demande ce qui m'a entraînée dans cette histoire.

Lors de la première année d'Ibilola, j'ai connu une réelle période de doute, notamment quant à la livraison des colis. Mon plus grand stress, à chaque collection, c'est qu'elle prenne du retard. Alors imaginez le désastre et le sentiment d'échec lorsque l'une de mes collections a été perdue par le transporteur pendant plus de deux mois ! J'étais complètement perdue et affolée. Je ne savais pas que c'était un cas de figure assez fréquent dans l'industrie ! J'ai envoyé un message à mes clientes pour les informer, et comme j'étais paniquée, je leur ai proposé un remboursement – c'est pourtant la dernière chose à choisir dans le business. Eh bien à ma grande surprise, seules deux clientes sur une centaine souhaitaient être remboursées ! Les « Babes » – surnom des clientes d'Ibilola – m'ont rassurée et dit qu'elles attendraient le temps qu'il faudrait. Nous étions au mois d'octobre, elles ne comptaient pas porter leur jupe avant le printemps !

Chose incroyable : à partir du moment où j'ai envoyé ce mail, j'ai reçu un appel de mon père m'informant que mon colis avait été retrouvé. Il avait été oublié sur le tapis de l'aéroport par le transporteur et renvoyé à Cotonou.

Pendant ce temps, j'avais lancé une nouvelle production de cette collection, pour remplacer celle que je pensais perdue ! En fin de compte, j'ai donc reçu les articles en double. J'étais de nouveau stressée car persuadée que ce stock supplémentaire me resterait sur les bras ! À ce moment-là, je préparais une fête anniversaire pour mes dix ans de blogging. À cette occasion, j'avais prévu un portant de pièces Ibilola. C'était vraiment un grand événement pour moi : j'avais commencé mon blog pour m'amuser, m'exprimer, trouver ma place, et j'avais réussi à faire naître une marque de vêtements autour d'une communauté soudée !

J'ai vendu très peu de pièces ce soir-là, mais j'étais fière de tout ce que j'avais accompli. J'ai finalement réussi à écouler ce fameux stock *via* mon site Internet. Tout simplement.

LE FABULEUX DESTIN D'UNE JUPE VOYAGEUSE

Dans ce stock, il me restait une jupe qui ne partait pas. Elle allait être portée par l'actrice hollywoodienne Gabourey Sidibe un peu plus d'une année après...

La comédienne souhaitait arborer une tenue créée par une créatrice africaine, raison pour laquelle sa styliste m'a contactée. Elle et moi nous étions rencontrées à New York lors des différentes Full Figured Fashion Week auxquelles j'assistais. À l'époque, nous étions toutes les deux blogueuses, avec un emploi à temps-plein. À aucun moment il n'était question de faire carrière dans la mode, pour elle comme pour moi ! Le fait est qu'elle est devenue styliste et qu'elle a continué de me suivre. Elle commentait régulièrement mes photos pendant toutes ces années, et elle a pensé à moi pour habiller sa cliente.

Je me souviens d'avoir préparé la jupe, une robe et un kimono. Je me suis rendue chez DHL avec mon amie Sophie. Sur place, au moment de payer les frais d'envoi, ma carte bleue a été refusée. J'ai dû diviser la somme et régler une partie en espèces et l'autre avec ce qui me restait sur la carte bleue. Concrètement, je n'avais plus un rond après avoir envoyé ce colis !

J'ai ensuite attendu de voir la photo de l'actrice sur les réseaux sociaux, mais ce n'est pas arrivé le week-end escompté.

C'est bien plus tard, plus d'un an après, qu'elle a d'abord porté la jupe, lors du festival SXSW 2019 à Austin, puis la robe à un autre moment de l'année.

Je ne saurais comment décrire cette sensation. Moi qui suis née dans une petite ville du Sénégal, j'ai créé des vêtements arborés par une actrice à Hollywood. Une tante m'a une fois conseillé d'arrêter de m'extasier devant ce genre de choses. Eh bien j'espère que je m'enthousiasmerai toujours autant, car je n'oublierai jamais que je reviens de loin.

> **Moi, Gaëlle, celle qui ne faisait jamais assez bien les choses, celle dont on se moquait sans cesse : je suis aujourd'hui celle qui fait rayonner sa marque aussi loin.**

Quand on parle de créer une communauté pour lancer sa marque, il n'y a pas que les personnes qui achètent nos vêtements. Il y a aussi toutes celles qui nous regardent et qui nous soutiennent le moment venu.

On ne sait jamais qui nous observe, qui lit ce qu'on écrit et attend que nous soyons prêts pour nous donner un coup de pouce, alors autant toujours se donner à fond. Même si nous faisons des erreurs, persévérons, continuons à dérouler l'histoire que nous souhaitons raconter. C'est important.

Au début, je ne voulais pas passer mon temps à gérer des ventes. Je n'avais même pas vraiment d'e-shop ! Je n'ai acheté le nom de domaine qu'un an après le lancement de la marque ! C'est seulement trois ans après que j'ai décidé d'ouvrir l'e-shop en permanence, pour que les clientes puissent y venir régulièrement.

CE QUI SE CACHE DERRIÈRE UNE PHOTO POSTÉE SUR INSTAGRAM

Voici – et elles ne sont pas toutes listées – les étapes qui précèdent une publication Instagram. Il faut :

- **sélectionner les tissus ;**
- **créer le modèle ;**
- **lancer la confection ;**
- **réceptionner le modèle ;**
- **identifier des looks à shooter ;**
- **organiser le shooting photo ;**
- **choisir les mannequins ;**
- **choisir un seul visuel parmi des dizaines ;**
- **rédiger la légende ;**
- **publier en ligne !**

Il faut ensuite accepter que tout ce travail n'ait qu'une durée de vie de 7 heures sur les réseaux sociaux ! Que cette création ne soit peut-être même pas vue selon le paramétrage de l'algorithme du réseau social, voire qu'elle ne permette de générer aucune vente.

Lorsque, sur Instagram, je découvre la photo d'une Babe of Ibilola dans sa robe, accompagnée d'un message positif et encourageant, les raisons pour lesquelles je me suis lancée dans cette aventure me reviennent : le bonheur de trouver un vêtement à sa taille, de s'y sentir bien et belle. Ce sentiment ressenti lors de mes premiers voyages aux États-Unis, je réussis à le susciter chez d'autres et cela vaut toutes les nuits blanches.

COMMENT JE TRAVAILLE ?

Le blogging était au départ un hobby et un exutoire face à mon mal-être. Aujourd'hui, je blogue de façon professionnelle.

La grande question que beaucoup de personnes se posent est : comment gagne-t-on de l'argent en tant que blogueur/influenceur/créateur de contenu ?

Je crée du contenu pour des marques qui cherchent à accroître leur notoriété ou communiquer sur un produit en particulier. Je présente donc ce dernier dans des billets sponsorisés ou je fais du placement de produit à l'occasion d'un shooting, sur Instagram ou lorsque je suis invitée à un événement. Mes publications sont parfois assorties d'un code promotionnel. Il arrive que celui-ci soit lié à une commission sur les ventes. Ce code permet surtout de suivre les retombées de la communication à travers tel ou tel influenceur.

La création de contenu, ce n'est pas uniquement de la photo. C'est aussi, dans mon cas, du texte. Raconter une histoire, l'expérience d'utilisation d'un produit en restant honnête et authentique alors même que je suis payée pour le faire.

> **« Je n'accepte de faire la promotion que de produits que je consomme ou que j'aurais achetés moi-même. »**

Le meilleur exemple est celui des applications de rencontres. J'en suis utilisatrice, alors c'est un réel plaisir pour moi d'écrire sur ce sujet.

Lorsque la marque me contacte, je propose des idées ou je suis un brief ; cependant, c'est toujours moi qui choisis ce que je souhaite partager et comment je veux le faire.

Je connais ma communauté, je sais ce qui l'intéresse. À vrai dire, elle est assez exigeante. Je ne peux pas, par exemple, juste publier une jolie photo de moi sans aucun texte. Elles ne vont pas se contenter de ça ! Elles apprécient l'histoire qu'il y a autour. Dans mes publications, je dois veiller à apporter de la valeur.

Certaines marques préfèrent créer le contenu elles-mêmes puis m'engager en tant que modèle. J'ai ainsi participé à des campagnes pour MAC Cosmetics, La Halle et Melayci.

Je fais en outre du consulting pour des marques, des institutions qui souhaitent aller vers plus de diversité et d'inclusivité à différentes échelles de leur communication. C'est un travail de fond passionnant, car je suis au contact de personnes qui sont vraiment investies dans ce type de projet.

> **« Elles font appel à moi car lorsque je m'exprime sur le body positive, c'est parce que j'incarne cet état d'esprit. Je ne l'adopte pas uniquement dans le but d'obtenir des likes sur les réseaux sociaux. »**

Je développe aussi mon activité de *speaker* : il s'agit d'intervenir lors d'événements ayant l'acceptation de soi pour thème. J'y raconte mon histoire et livre mes astuces. C'est ce que j'ai fait lors de la « Beauty School » de My Little Box avec Instagram, ou encore durant le festival Afropunk. Il y a peu, je suis intervenue dans un centre social pour échanger avec des jeunes sur mon activité « d'influenceuse » et leur parler de l'envers du décor des jolies photos publiées sur Instagram.

LES MÉDIAS ET MOI, UNE GRANDE HISTOIRE D'AMOUR !

En tant que *speaker,* je prends aussi régulièrement la parole dans les médias. Je pense avoir fait toutes les grandes chaînes de télévision françaises et sénégalaises !

Ma première apparition télé remonte à l'âge de 9 ans ! Je me souviens que ma grande sœur m'avait habillée avec une tenue traditionnelle de ma maman, portée au Bénin. Quelques années après, dans le cadre de mon travail comme chargée de recrutement, j'étais toujours choisie par ma patronne pour m'exprimer face caméra et jouer les recruteuses modèles durant les entretiens. J'adorais ça !

Puis il y a eu cette fameuse soirée de l'année 2009 durant laquelle je me suis présentée devant le public du Bataclan avec les membres de l'association Allegro Fortissimo, venus encourager la chanteuse Beth Ditto qui se produisait ce soir-là avec son groupe Gossip. Je ne sais pas comment je me suis retrouvée à répondre à quelques questions de journalistes. Le lendemain j'avais ma tête en gros plan sur Canal+.

Aujourd'hui, je suis régulièrement invitée sur les plateaux de télévision ou pour des reportages et des prises de parole. Le fait le plus marquant ? L'invitation dans l'émission « Complément d'enquête » sur France 2, dont j'ai parlé page 72, et m'y retrouver en face de mon mentor. J'ai eu un moment de panique, mais cette peur n'a duré que quelques instants, pour laisser place à une incroyable confiance en moi. Je me suis sentie pleinement légitime. Mon attitude naturelle, enjouée et détachée a vite eu raison de mes tremblements.

Je garde un souvenir attendri de l'émission « Ça commence aujourd'hui », en 2017 C'était ma première télé dans les conditions du direct, avec un public, une énorme équipe de production, des heures d'interviews téléphoniques pour s'assurer que je ne mentais pas sur ma vie. C'était la première fois que je réussissais à placer mon produit gratuitement à la télévision française, dans une émission avec une forte audience, sans avoir peur d'en faire trop avec mon tissu wax, sans me brider. C'était la robe Linguère, LE modèle iconique d'Ibilola...

> **Cette année-là marque une réelle libération. À ce moment-là, mon mantra est devenu « Oser, oser, oser ».**

Quant à ma participation à « Touche pas à mon poste! », émission particulièrement controversée qui fait pourtant un carton d'audiences, il a fallu y réfléchir quelques instants, demander conseil. J'ai finalement accepté l'invitation. Pourquoi? Parce que lorsqu'on se positionne en porte-voix d'un mouvement, il faut avoir le cran de s'exprimer partout. En fin de compte, ce fut une émission très bienveillante.

Je me suis aussi retrouvée au journal télévisé de France 2, à 20 heures, devant la France entière, pour m'exprimer sur la grossophobie à l'occasion de la journée de lutte contre l'obésité. À chacune de mes prises de parole, l'idée, pour moi, est de rappeler que c'est l'obésité qui est à combattre, et non les personnes en situation d'obésité.

Prendre la parole et s'engager, c'est aussi parfois rédiger des articles de blog qui, par je ne sais quel concours de circonstances, deviennent viraux sur Internet et permettent un excellent référencement de mon blog et la republication sur le *Huffington Post*. Ainsi une nuit, sur les coups de 3 heures du matin, j'ai écrit un billet après avoir regardé une célèbre émission de shopping spéciale « rondes ». Je voulais y dénoncer les propos grossophobes tenus par la styliste. Je proposais des photos de femmes grosses, principalement des blogueuses, accompagnées de commentaires qui allaient complètement à l'encontre de ses conseils. J'ai programmé la publication de l'article pour 8 heures et je suis allée me coucher.

À 11 heures le lendemain, j'ai découvert des centaines de messages, lectures et partages de mon article de blog. Je n'en revenais pas ! La conversation battait son plein. Les arguments pour et contre mes propos allaient bon train. J'étais abasourdie de lire certains témoignages et de découvrir la frustration que les propos sexistes et dégradants de la styliste avaient provoquée chez certaines femmes. Cet article a été republié par le *Huffington Post,* qui lui a donné un nouvel élan et une audience plus large.

C'est aujourd'hui mon article le plus lu. Comme toujours : je n'avais rien calculé. Je n'ai toujours pas la recette pour rédiger un article viral alors que j'en ai pourtant un certain nombre à mon actif !

LES CURVES & COCKTAILS, C'EST QUOI ?

J'organise depuis deux ans des Curves & Cocktails – *curves* signifie « courbes », en anglais. Ces cocktails me permettent de rencontrer régulièrement ma communauté, en petit comité, pour échanger sur des sujets liés à l'épanouissement personnel, avec la présence d'un expert dans son domaine. Le but ? Apporter les clés nécessaires pour aider les participants à déployer leurs ailes.

Avec la période de confinement que nous avons connue et les mesures de distanciation, la tenue de cet événement était impossible. Je l'ai donc déplacé sur Internet en organisant un live hebdomadaire sur Instagram. C'est un moment que ma communauté apprécie particulièrement car chaque invité vient avec son histoire, qui sert d'exemple à tous.

« ON NE BOUGE PLUS, SOURIEZ ! »

Ce que je préfère dans mon métier ? Le shooting photo ! Je ne parle pas de me faire photographier, mais de toute l'ambiance qu'il y a autour la prise de vue d'un produit, d'un mannequin. C'est la cerise sur le gâteau dans mon travail. Pour la création de contenus, j'ai toujours mon équipe. Elle se compose d'une photographe, d'une maquilleuse, d'une coiffeuse et d'une assistante.

Je travaille ainsi depuis quatre ans, à peu près depuis que j'ai professionnalisé mon activité – gérer cela toute seule me demandait une énergie phénoménale.

J'ai commencé à trouver mon style avec les photographes Rachel Saddedine puis Capucine de Chocqueuse (qui signe d'ailleurs la photo de couverture de ce premier ouvrage).

J'ai pris l'habitude de prévoir un shooting mensuel durant lequel je dois intégrer tous les produits que je me suis engagée à placer. C'est aussi un choix financier, car une partie des cachets que je reçois pour telle ou telle collaboration sert justement à payer l'ensemble des intervenants sur le shooting. J'en fais un moment spécial, voire un événement : je vois un peu mes publications comme un spectacle à part entière que j'offre ensuite à ma communauté.

> **« Je suis une femme noire, grosse, avec les cheveux naturels dans un environnement naturellement blanc et normé. »**

Je mets donc un point d'honneur à rendre visibles sur le fil d'actualité de mes abonnés des marques amenées à travailler avec moi en sortant le grand jeu. Je souhaite aussi, dans le contenu que je propose, toujours mettre en avant mon africanité. Je suis noire, certes. Je suis née et j'ai grandi sur le continent africain, où l'on apporte un soin infini à l'esthétisme des coiffures et des tenues.

Je veille donc à changer régulièrement de coiffure. Cela fait partie d'un mode de vie chez nous : j'adore cette coquetterie et cette aisance à arborer régulièrement une nouvelle coupe. J'ai la « chance » d'avoir un sacré volume capillaire qui me permet d'explorer autant de champs que possible. Il nous est nécessaire d'être visibles pour prendre notre place dans l'espace public, alors je ne me gêne pas pour le faire, et je m'inspire toujours de l'air du temps. De nouvelles photos de Beyoncé ? Il y a des coiffures dont je peux m'inspirer ? Allons-y ! C'est le moment de s'amuser.

Avant ces deux-trois dernières années, en France, il était très rare de voir une femme noire et grosse représentée dans l'industrie de la beauté. Lorsqu'on parle des personnes grosses dans les médias, c'est généralement pour évoquer le phénomène de l'obésité en tant que pathologie, les régimes, les difficultés, mais jamais les femmes qui vont très bien, qui aiment ce qu'elles sont, qui vivent, qui réussissent.

Travailler avec une équipe de professionnels m'a clairement permis de faire décoller mon business. Certains choix artistiques ont été le point de départ de collaborations avec certaines marques, notamment dans la beauté. Aujourd'hui, je suis très fière d'être l'un des visages de l'acceptation de soi ; que lorsqu'on pense « beauté », on puisse nous imaginer, moi ou mes collègues, dans une publicité. C'est merveilleux... et ce n'est que le début. C'est pour cette raison que je considère aujourd'hui les réseaux sociaux, notamment mon compte Instagram, comme mon CV en ligne. Lorsqu'on arrive sur ma page, j'aime que les visiteurs en prennent plein la vue et qu'ils se fassent immédiatement une idée de ce que je vends.

> **Cela fait presque quinze ans que je me raconte en ligne. J'ai commencé à réellement « monétiser » cette visibilité au bout de dix ans de blogging.**

Au moment où j'écris ces lignes, mon activité prend un nouvel élan car j'ai signé avec un agent qui me représente désormais et manage mes contrats. C'est un réel tournant dans ma professionnalisation car je sais que de nouvelles opportunités de business sont à venir. Tout le travail que j'ai réussi à faire seule jusqu'à présent est désormais porté par Janane et son équipe chez Sœurette Productions, pour faire rayonner mon message.

UN PIED EN AFRIQUE, L'AUTRE À PARIS

Je travaille avec une équipe à Cotonou. Jeannine, qui coordonne toute l'activité sur place, est ma cousine. Je ne l'avais jamais vue avant mon premier séjour dans la capitale économique du Bénin pour choisir des tissus, en 2017. Je l'ai rencontrée grâce à ma maman, qui lui a demandé de me mettre en relation avec l'atelier de Sidonie, avec lequel je travaille depuis lors. Ousmane gère la recherche de tissus auprès des différents fournisseurs à Cotonou. Nous communiquons principalement *via* WhatsApp – quand je dis que ma marque est un pur produit du digital, c'est vraiment le cas !

Quand je le peux, je me rends deux à trois fois par an à Cotonou – mes séjours là-bas sont une course contre la montre car je ne reste jamais plus de dix jours sur place. Je m'occupe du développement de nouveaux produits, de la recherche de nouveaux tissus et motifs, et je fais le point avec l'atelier de Sidonie. Avec le temps, j'ai appris à identifier les wax qui plaisent bien aux Babes, mais le choix n'est pas toujours évident car j'ai tellement de coups de cœur qu'il faut parfois me faire sortir de la boutique pour que je me calme ! Il m'arrive donc de passer plusieurs fois chez les fournisseurs avant de me décider.

J'en profite aussi pour faire confectionner et essayer les prototypes des nouvelles collections et, surtout, j'essaie d'organiser des shootings directement sur place. J'ai à cœur de travailler avec les talents béninois : photographe, maquilleuse, coiffeuse... toujours dans l'idée de mettre en avant la créativité africaine. C'est aussi une façon de faire découvrir un peu le Bénin à la communauté d'Ibilola.

> **« Je rêve d'un voyage au Bénin et au Sénégal avec quelques clientes et influenceuses ! Je tiens à montrer l'Afrique que les médias ignorent. C'est aussi ça ma mission. »**

Les voyages à Cotonou sont l'occasion de créer le maximum de contenu : des photos et des vidéos, que ce soit sur le processus de création des collections mais aussi sur le pays. Je m'arrange pour découvrir une nouvelle ville à chaque fois et partager des photos sur mes réseaux.

De retour à Paris, j'organise un nouveau shooting avec les Babes of Ibilola, qui sont les mannequins sélectionnés parmi les clientes de la marque. Je pars du principe que chacune et chacun peut être mannequin tant qu'elle ou il travaille pour cela ! Le casting est donc ouvert. Je n'ai aucune exigence, aucun critère physique strict quant au choix du modèle à partir du moment où il ou elle incarne les valeurs de la marque, ainsi que le message body positive. En revanche, je suis intraitable sur la qualité des photos.

Dès le lancement d'Ibilola, *il était important pour moi de faire intervenir la communauté*. J'estime que c'est un projet commun et que ce sont les Babes qui vont porter les vêtements – autant que ce soient elles qui soient aussi sur les visuels.

J'ai aussi eu à travailler avec des mannequins professionnels et je continuerai à le faire, pour apporter de la diversité aux visuels de la marque.

LES ENGAGEMENTS IBILOLA

Au cœur d'Ibilola, il y a certains engagements forts qui sont une partie de son succès. Avec ma marque, j'ai à cœur...

- **de rendre hommage à ma sœur ;**
- **d'habiller des femmes qui, comme moi, ont longtemps vu leur taille 44 et plus ignorée par l'industrie de la mode ;**
- **de faire découvrir un peu de l'Afrique, notamment le Sénégal et le Bénin ;**
- **de donner leur chance à tous les mannequins, toutes les morphologies, toutes les couleurs de peau ;**
- **d'impliquer les clientes afin qu'elles soient aussi les actrices de cette dynamique.**

LE NERF DE LA GUERRE

À Paris, je travaille seule sur l'opérationnel. J'assure la maintenance de l'e-shop, la mise en ligne des produits sur le site. Je suis régulièrement assistée par Sàro pour la partie logistique, l'événementiel et les shootings. Il y a aussi Mélody, styliste-modéliste, qui travaille avec moi sur les collections. Selon les périodes, j'ai aussi une ou plusieurs stagiaires en communication.

J'ai la chance d'être accompagnée depuis deux ans par Ramata, ma consultante sur la stratégie de la marque. Son apport est inestimable sur la partie business de mon activité, que ce soit pour Ibilola ou pour Gaëlle Prudencio. Elle me forme à différents outils de communication numérique pour gérer ma marque et elle booste ma confiance en moi lorsque je perds pied. Grâce à elle, j'y vois toujours beaucoup plus clair !

Enfin il y a Jessica, ma « business backer ». Avec elle, il est question de la gestion de ma trésorerie, des finances et de l'argent. Lorsqu'on crée son entreprise, on a souvent la tête dans le guidon et pour certains, les questions administratives, fiscales et économiques semblent secondaires tant on est plongé dans le travail. Sauf qu'il faut bien s'en occuper ! J'ai eu la chance de rencontrer Jessica, qui connaît bien mon mode de fonctionnement. Grâce à elle, j'apprends purement et simplement à gérer mes finances.

Avant de travailler avec Jessica, j'avais le sentiment que l'argent que je gagnais ne faisait que transiter à la banque et que j'étais tout le temps dans le rouge. Tenir scrupuleusement mes comptes m'a permis de voir les enjeux réels, les mouvements financiers générés, et surtout de rendre mon entreprise rentable. Cela m'a remotivée et permis d'avoir davantage confiance en moi. J'ai toujours le sentiment d'être dans un *work in progress*. Je suis convaincue que ce que je fais est bien, mais on a toujours besoin de s'améliorer.

> **Je suis sans cesse en train de travailler, me former, lire, découvrir des nouveautés, m'inspirer de ce que je vois et de ce qui me plaît.**

C'est important, surtout dans mon métier, d'être en constante évolution et de ne pas s'endormir sur ses lauriers. Je ne suis en concurrence avec personne, certainement pas ; j'aimerais bien que nous nous élevions tous ensemble.

TOUTE PEINE MÉRITE SALAIRE !

Lorsque j'ai créé le French Curves, j'avais à cœur que nous gagnions toutes en visibilité ; aujourd'hui, ça me met les nerfs à vif lorsque je vois mes collègues accepter certaines opérations gratuitement. Ce n'est pas acceptable. Tout travail mérite salaire. Pire, j'ai aussi appris à mes dépens que certaines influenceuses (blanches et minces) sont souvent rémunérées pour assister à des événements alors que lorsqu'on m'invite, moi, on me présente cela comme un honneur qui m'est fait !

Aujourd'hui, plus aucune marque n'aurait l'audace de me proposer de communiquer gratuitement pour elle, mais j'ai mis beaucoup de temps à arriver à ce stade !

Il faut comprendre que la communauté que j'ai créée, qui me suit et qui a confiance en moi, celle que ces marques ont besoin d'atteindre, eh bien je l'ai fédérée au fil de longues années. Je la respecte, et j'ai besoin d'être motivée pour lui parler d'un produit, au-delà du simple fait de l'apprécier !

GAËLLE PRUDENCIO, C'EST...

- **Une créatrice de contenu**
- **Une créatrice de mode**
- **Une *speaker***
- **Une organisatrice d'événements**
- **Un modèle photo**
- **Une commerciale**
- **Une businesswoman**
- **Une autrice**

Sur un shooting, pour un tournage, sur des stories, je cherche toujours ce qui va me faire sourire, susciter de l'intérêt. Bref, pour moi, l'important, c'est de faire ce qu'on aime… et de le faire bien !

UNE JOURNÉE TYPE

Chaque journée qui commence est une découverte, donc aucune ne se ressemble. Chaque rencontre est une réelle opportunité de s'élever. En réalité, je n'ai pas une mais plusieurs journées types. Beaucoup de personnes s'imaginent que les créatrices de contenu passent leurs journées à siroter des cocktails et prendre des photos dans des poses lascives tout en ouvrant les cadeaux reçus à longueur de journée.

Tout d'abord, sachez que nous ne recevons pas de cadeaux. Jamais. En tout cas, je ne considère pas qu'un colis reçu gracieusement en soit un, car la marque attend toujours quelque chose en retour : que je donne mon avis et, surtout, que je parle d'elle à ma communauté. Une vidéo de 15 secondes dans une *story*, c'est précieux pour une marque. Un placement de produit dans une photo avec la marque clairement identifiée, alors là c'est le jackpot.

Je passe la plupart de mon temps devant mon ordinateur et sur mon smartphone. Je réponds à mes mails, comme dans toute entreprise. Ce sont des propositions d'opération de communication pour telle ou telle marque, d'invitation à un événement, de découverte d'un nouveau produit, de demande d'interview.

Surtout, je réponds le plus possible aux commentaires laissés sous mes publications sur les réseaux sociaux. Mais j'avoue que j'ai de plus en plus de mal car ma communauté grandit et est, par chance, très active.

JE VOIS TOUT !

Non seulement j'essaie d'être à jour dans les centaines de mails que je reçois par jour, mais le lis aussi TOUS les commentaires de CHAQUE publication :

- **90% sont des compliments, des encouragements, des témoignages ;**
- **10 % sont des insultes, des remarques négatives, sexistes, racistes, grossophobes.**

J'ai pris le parti de bloquer certains commentaires. Il m'arrive d'en laisser quelques-uns, lorsque je suis d'humeur à créer un peu d'animation sous une photo. Je sais que ma communauté prendra ma défense, débattra. Cela crée de l'engagement et c'est tant mieux, mais ce n'est pas ce qui m'enchante le plus, car c'est un engagement négatif et que j'ai à cœur de cultiver le positif.

Heureusement, j'ai la chance d'avoir une communauté bienveillante qui ne va pas se lancer dans une croisade contre un commentateur.

> **Je suis résolument contre toute forme de harcèlement, j'évite d'alimenter la chose.**

De toute façon, je ne suscite pas ce type de sentiment chez les personnes qui me suivent – ni fanatisme, ni fascination. Je suis heureuse d'être toujours perçue comme la *girl next door* – la voisine d'à côté. J'en parle car j'ai remarqué des types de comportements proches du culte de la personnalité chez d'autres influenceurs et franchement, ça ne me dit rien du tout !

Je consacre une partie de mon activité à préparer des reportings de mes publications, avec les statistiques, les commentaires, les likes, les clics, les réactions en messages privés, les réponses aux sondages et aux questionnaires.

C'est très important pour les marques, car cela permet d'avoir un retour sur une opération, et cela me fournit des données concrètes à donner à celles que je démarche. C'est à ce moment-là que je mets ma casquette de businesswoman. Il m'est souvent arrivé de prospecter avant d'avoir un agent qui le fait pour moi aujourd'hui. J'ai reçu plus de réponses négatives que positives, mais cela reste formateur. J'ai persévéré !

Le fait d'être rémunérée pour mon travail me permet aussi de pousser auprès des marques pour apporter de la valeur à mes abonnées. C'est un peu comme si j'avais plein de bons plans et que j'étais en mesure d'en faire bénéficier les copines.

Beaucoup de personnes ne comprennent pas la raison pour laquelle il faut payer les créateurs de contenu. Eh bien c'est d'abord par rapport à ce travail de création dont les marques ont besoin pour être plus proches de leur cible.

Arrêtez de bouder les publications estampillées « partenariat rémunéré » ou « ad ». Ce sont celles-ci qui nous permettent de créer des choses ludiques, c'est la rémunération qui nous donne plus de latitude pour repérer les bons plans et, disons-le, vous divertir sur les réseaux sociaux.

> **Comment soutenir votre créateur de contenus préféré ? Likez, commentez, partagez, enregistrez son contenu, cliquez sur les liens qu'il publie !**

À CHAQUE PLATE-FORME SA FONCTION

Durant certaines journées, je suis particulièrement inspirée pour publier un article sur mon blog. Bon, d'accord, gaelleprudencio.com est un peu laissé à l'abandon. Dire que j'écrivais tous les jours durant mes premières années de blogging ! C'était vraiment un journal de bord public ! J'y publiais mes états d'âme, mes tenues du jour, mes voyages, mes rencontres.

Avec l'arrivée d'Instagram j'ai eu tendance à moins l'alimenter, mais il reste mon outil préféré pour m'exprimer. D'abord parce que je n'ai pas de limitation de caractères, mais aussi parce qu'il m'appartient. Je paie le nom de domaine et choisis exactement ce que je peux y publier. Je ne suis pas à l'abri d'une censure sur les réseaux sociaux, notamment sur tous les sujets qui tournent autour de la sexualité, alors que mon blog est ma plate-forme de liberté totale.

LA SEXUALITÉ, PARLONS-EN !

J'ai réalisé que ma communauté était particulièrement friande de sujets tournant autour de l'intimité et de la sexualité. Car oui, les femmes grosses aussi ont une sexualité active ! Si l'intimité est entourée de tabous – essayez de trouver une marque française de culotte de règles en taille 54... c'est à croire que les femmes grosses n'ont pas de règles... –, je mets un point d'honneur à les briser dès que j'en ai l'occasion. Ainsi, j'ai pu organiser un concours pour faire gagner un jouet pour adulte, et ce parce que j'avais les statistiques des dernières discussions sur le sujet et je connaissais l'intérêt qu'y portent celles et ceux qui me suivent.

Je prends désormais le temps de rédiger certains billets dits « institutionnels » qui me permettent d'asseoir mon expertise sur la mode grande taille, le body positive, la grossophobie. Je choisis aussi cette plate-forme pour m'exprimer sur des sujets d'actualité qui me touchent comme pour #Metoo. Cela entraîne souvent des témoignages et des prises de parole de la part de ma communauté qui se sent suffisamment en confiance pour s'exprimer.

Mon blog est aussi l'espace qui regroupe la plupart de mes écrits, mes parutions presse.

> **Le blogging reste un outil de développement personnel et professionnel fort, qui demande de la passion, de la patience et beaucoup de persévérance sur la durée.**

Je fais partie de cette génération d'influenceurs présents sur tous les réseaux sociaux, notamment sur Facebook, qu'il ne faut pas négliger. La nouvelle génération est plus active sur Instagram et Snapchat, certains ne connaissent que TikTok et beaucoup n'ont pas de compte Facebook. Or les membres de ma communauté ont parfois plus de 40 ans et ils sont principalement sur Facebook.

CHAQUE CHOSE À SA PLACE

Au fil des années, j'ai compris que chaque réseau a ses sujets de prédilection. Si j'ai envie :

- **d'aborder des questions body positive avec une photo forte, je le ferai sur Instagram ;**
- **de dénoncer le sexisme en m'aidant du dernier épisode de ma série sénégalaise préférée, ce sera sur Facebook ;**
- **de réagir sur le racisme et la grossophobie, ce sera sur Twitter.**

D'ailleurs sur Twitter, lorsque j'aborde la grossophobie, je me fais généralement insulter. Clair. Simple. Précis.

Je suis très présente sur LinkedIn, mon outil préféré pour communiquer sur mon parcours d'entrepreneuse à proprement parler. C'est la plate-forme par excellence pour du *storytelling* et du *personal branding*. J'adore !

PAS LE TEMPS DE SOUFFLER !

Dans ma journée, je dois animer ma communauté en créant du contenu. Pour ce faire, je vais utiliser les stories où je partage des citations, une musique que j'apprécie, la photo de mon dernier crush célèbre... Du contenu, je dois également en élaborer dans le cadre de mes contrats. Il va s'agir de vidéos ou de photos à publier sur mes réseaux sociaux, principalement sur Instagram.

Dans ce cas-là, je prévois une à deux journées par mois durant lesquelles je vais créer le maximum de contenu en plaçant le maximum de produits. Je prévois donc des vêtements et parfois des coiffures différents. Durant les journées shooting, je suis tellement investie que je ne réponds quasiment pas à mes mails – je ne le fais d'ailleurs plus depuis quelques mois puisque c'est mon agent qui s'en charge ; elle me dresse un récap en fin de journée pour m'informer de ce qu'il y a de plus intéressant pour moi.

J'ai une à deux journées « colis » par mois. Je me lève aux aurores pour retirer une valise de commandes en provenance de Cotonou, puis je passe une bonne partie de la journée à emballer les articles et à les expédier. Pendant plus de trois ans, j'ai préparé les paquets avec l'aide de Sàro, puis nous nous rendions à la Poste pour les y déposer. Il fallait nous voir, avec nos valises ! J'ai désormais opté pour la livraison *via* un transporteur, qui récupère tout à mon domicile se charge de l'expédition avec des délais plus rapides. J'ai pour projet de gérer directement les envois depuis Cotonou en 2021.

Ma boutique en ligne est gérée avec Shopify, dont je suis entièrement satisfaite. Là aussi, j'ai appris à développer un site e-commerce en partant de rien. Au départ, lorsque j'ai créé la marque, j'avais opté pour la plate-forme sur laquelle je vendais les pièces de mon vide-dressing. Au lancement d'Ibilola, j'ai donc remplacé mes vêtements par mes créations. J'avais juste besoin d'un outil de vente, et je n'imaginais honnêtement pas que je créais une vraie marque !

SI J'AVAIS SU !

Chers créateurs de contenu, j'aurais aimé savoir, il y a presque quinze ans, à mes débuts, que la base de données est le nerf de la guerre. Pensez à créer votre newsletter dès le lancement de votre blog, de votre compte Instagram, afin de rester en contact avec votre communauté en dehors des réseaux sociaux.

En 2018, après un an de création et un mois d'avril exceptionnel en termes de ventes, j'ai reçu un mail de la part de Tictail, qui hébergeait ma boutique et avait remarqué les chiffres réalisés. Ils me proposaient un partenariat me permettant d'offrir 15 % de réduction à mes clientes sans que mon chiffre d'affaires ne soit impacté. Ils m'ont annoncé que ma boutique était dans leur top 3 des boutiques françaises !

Quelques mois après, Tictail a été racheté par Shopify. Ma boutique est désormais noyée parmi des millions de commerçants. Les chiffres ne sont plus du tout les mêmes. Cela reste néanmoins une grande fierté pour moi, pour une marque gérée de façon complètement artisanale.

« GAËLLE, COMMENT FAIS-TU POUR T'ORGANISER ? »

Voici une question qui revient souvent ! Durant mes journées de travail, je planifie énormément. Non, je ne suis pas la reine de l'organisation. Par planifier, j'entends que je note tout ce que je souhaite faire et dois réaliser pour m'en sortir et ne clairement pas crouler sous le poids des échéances. En début d'année, j'ai une sorte de grand planning dans lequel je note les événements auxquels je souhaite participer, les dates clés, les voyages, les lancements de collection. Puis je travaille autour de cela car entre-temps, je reçois des propositions de marques, je dois caler des shootings, une interview. Il y a une grosse part d'imprévus. Et ce hors période de Covid et de confinement parce que là, c'est une autre aventure !

Lorsque je suis en tournage ou en shooting pour une marque, je dois poser mais aussi créer du contenu en temps réel pour faire vivre l'expérience sur mes stories et créer de l'engouement autour du projet. Je reçois un brief en amont et sais déjà ce que je peux dévoiler ou pas. Tout se fait en présence de l'équipe de shooting, mais aussi des représentants de la marque et d'autres influenceurs. Si nous nous connaissons déjà et que nous nous apprécions, c'est toujours sympa de publier des stories ensemble. Nos communautés respectives apprécient beaucoup. J'aime à dire que cela remet de l'humain dans toutes ces relations virtuelles.

À la fin de chaque journée shooting, j'ai une sorte de rituel qui est d'organiser un live sur Instagram pour « rentabiliser le make-up » ! C'est l'occasion de retarder le moment où je vais me démaquiller et retrouver Gaëlle.

> **“ Mais la plupart du temps je suis Gaëlle sans maquillage, avec un bonnet en satin sur la tête, en pyjama, jogging ou tenue de maison sur mon canapé et devant mon ordinateur ! ”**

CHAPITRE 3

LE GUIDE DE L'ACCEPTATION DE SOI

3

LE MOUVEMENT BODY POSITIVE : TOUR D'HORIZON

Lorsqu'on se sent à l'étroit dans son corps et que l'on s'engage dans une démarche de perte de poids, avec toutes les injonctions que cela comporte, on a tendance à se projeter dans un futur vraiment très incertain. Il est illusoire de vivre dans l'attente de devenir mince, et cet objectif ne devrait jamais être un moteur. Cela entraîne une projection sur une vie qu'on n'aura peut-être jamais. « Je mettrai cette robe quand j'aurai perdu 15 kilos » ; « J'ai besoin de perdre quelques kilos avant d'aller à la piscine, de porter un maillot de bain » ; « J'aurai un enfant lorsque j'aurai perdu 30 kilos » ; « Je suis sûre que je dois maigrir pour réussir à rencontrer l'amour, pour plaire. »

Je prône le body positive, un mouvement qui incite à s'épanouir dans son corps à l'instant T. Je défends l'idée que chacun devrait pouvoir vivre librement, dans son corps, à tout moment de sa vie, sans avoir à subir les diktats de la société. Et ce quels que soient son genre, sa couleur de peau, sa particularité physique, son âge, son orientation sexuelle, sa religion.

> **« Je n'attends pas de perdre du poids pour être heureuse », toute ma vision du body positive tient dans cette phrase.**

La démarche que j'ai adoptée consiste en une réappropriation de soi, de son image corporelle, ici et maintenant. J'ai réalisé que tous les régimes que j'ai suivis jusqu'à présent ont été des échecs cuisants, ils n'ont conduit qu'à une reprise de poids à chaque fois plus importante, ainsi qu'à une très grande dégradation de mon estime personnelle. Il n'est pas question ici d'injonction à s'aimer, ce serait trop simple ! Chacun fait comme il peut. Il est surtout question d'arrêter de dilapider son énergie en vaines batailles.

> **“ Ne sommes-nous pas tous à la recherche du bonheur ? ”**

LA NAISSANCE DU BODY POSITIVE

Je ne peux pas entrer dans le vif du sujet sans revenir sur les origines du mouvement body positive, qui tire ses fondements dans la *size acceptance*. Ce mouvement est né dans les années 1970 aux États-Unis, il a donné le jour à la National Association to Advance Fat Acceptance, NAAFA (« Association nationale pour la promotion de l'acceptation des gros »). Dans son sillage, le mouvement body positive est né en 1996, à l'initiative de Connie Sobczak, une Américaine victime de troubles alimentaires, et d'Elizabeth Scott, sa thérapeute. Le body positive fait la promotion de l'acceptation et de l'inclusivité de toutes les morphologies qu'abrite le monde, dans la diversité de toutes ses cultures, loin des stéréotypes normatifs véhiculés par les médias. Les réseaux sociaux ont ensuite fait le reste. En 1989, en France, c'est la comédienne Anne Zamberlan, connue pour ses publicités Virgin Megastore, qui a créé l'association Allegro Fortissimo.

LE MOUVEMENT BODY POSITIVE, C'EST, ENTRE AUTRES...

- **préserver sa santé mentale pour se sentir libre et être fière d'être soi-même ;**
- **soigner l'intérieur pour rayonner à l'extérieur ;**
- **intégrer l'idée que le physique importe peu et ne devrait pas être un sujet ;**
- **arrêter de se battre contre soi ;**
- **se libérer et s'affranchir des injonctions de la société ;**
- **se mettre à 100 % au service de soi ;**
- **poser des actes positifs pour vivre en harmonie et en paix avec soi-même et, par conséquent, avec les autres.**

Le body positive, tel que je l'entends, est en fait la somme de toutes les actions que l'on met en place pour gagner en confiance en soi, s'accepter entièrement, apprécier son corps, se le réapproprier et le traiter avec respect.

J'ai officiellement commencé à utiliser le hashtag #BodyPositive dans mes publications en 2015. Avant cela, j'avais embrassé la *size acceptance*, dont je me réclame toujours. J'utiliserai ici à plusieurs reprises le terme « grosse » : ce n'est pas un gros mot. C'est un adjectif qu'il est nécessaire de se réapproprier, ni plus ni moins. Le ramener à sa fonction descriptive. Plus nous serons nombreux à le faire nôtre, plus il retrouvera son sens propre. N'en déplaise à certains, avant de devenir un hashtag, un mouvement ou encore un argument marketing utilisé à tort et à travers, le body positive est né de la volonté de personnes grosses de combattre les ravages de l'industrie de la minceur, lutter contre la stigmatisation dont nous faisons quotidiennement l'objet et nous donner notre place dans la société en nous rendant tout simplement visibles.

LANE BRYANT

En 2015, l'enseigne américaine Lane Bryant, avec sa vidéo #Iamnoangel, se dresse contre la norme validée et valorisée par l'industrie de la mode, représentée par les « anges » des mannequins de Victoria's Secret. Il s'agissait d'une campagne mettant en scène des mannequins grande taille en lingerie. Cette vidéo est devenue virale et a d'ailleurs propulsé Ashley Graham sur le devant de la scène pour en faire aujourd'hui l'un des mannequins les mieux payés au monde.

TOUS GROS ? TOUS DIFFÉRENTS !

Est-ce qu'en prônant l'acceptation de soi, je fais l'apologie de l'obésité ? Ben voyons ! Vous pensez vraiment que les personnes qui me suivent sur Internet et qui me lisent en ce moment se disent « Oh, waouh, je veux devenir grosse comme Gaëlle pour être heureuse ! » Eh bien non ! Ce n'est pas l'idée ! Il y a chaque jour de plus en plus de personnes qui visitent mon blog, qui suivent mes aventures vestimentaires, et j'ose croire que si elles reviennent, c'est parce qu'elles ont compris que je ne me complais pas dans mes kilos mais que je les vis, tout simplement. Je n'attends pas de perdre du poids pour être heureuse.

> **« L'idée est d'aller se confronter à ce qu'on a au fond de soi, croire en sa valeur, cultiver son jardin et trouver sa part de soleil. »**

Lorsque je demande à ma famille de décrire la petite fille que j'étais, ma maman et mes tantes répondent en chœur que j'aimais bien jouer à la maîtresse, au milieu d'un groupe d'enfants. Espiègle, tout le temps fourrée dans les affaires des adultes, des « grands ». J'étais l'amie des papys, des mamys plutôt que des « petits » de mon âge, j'aimais toucher à tout, j'aimais poser plein de questions qui concernaient tous les domaines de la vie... J'aimais ramener à la maison des enfants que je rencontrais dans la rue. J'étais sociable.

À les entendre, je n'ai pas changé. J'ai l'impression de retrouver la Gaëlle que j'étais à l'âge de 7 ans quand ma maman et mes tantes dressent mon portrait. Cette petite fille que j'ai revue récemment en photo... J'avais pourtant perdu de vue cette Gaëlle un peu espiègle. Je l'avais perdue en chemin entre les différents régimes, avec l'apparition de mes premiers complexes, avec la perte de ma confiance en moi car je pensais que mon corps et le poids sur la balance étaient un signe inversement proportionnel à ma valeur.

« Il m'en a fallu du temps pour retrouver mon leadership, la Gaëlle meneuse de mon enfance. Alors body positive, oui, *fat acceptance*, oui, mais d'abord et avant tout : Gaëlle Prudencio. »

Lorsque j'ai pris conscience que je m'étais perdue entre l'adolescence et le début de ma vie adulte, je me suis mise en quête de celle que j'étais vraiment. Celle qui est fière d'être elle-même et qui a appris à s'accepter dans un monde où elle n'entre pas dans les normes. C'est là que j'ai entamé un dialogue avec mon corps, et c'est une conversation qui dure encore...

LETTRE À MON CORPS

Cher corps,

Je te demande pardon pour toutes les épreuves que je t'ai fait subir durant des années. Je te demande pardon de ne pas t'avoir écouté et de t'avoir privé de mon amour.

Je te remercie de me porter et d'être celui dans lequel je m'épanouis chaque jour un peu plus.

Je te promets de continuer à faire attention à toi, à te chérir, à te nourrir avec le maximum d'ondes positives et de faire de toi mon allié.

Je t'aime.

Gaëlle

DIRE STOP À LA CULTURE DES RÉGIMES

La culture des régimes a tellement de poids (sans mauvais jeu de mots) dans notre société qu'il est difficile de s'en défaire. Cela parce que nous avons de notre côté intégré qu'il est nécessaire d'entrer dans la norme physique et celle de l'indice de masse corporelle (IMC) pour être « valable », mais aussi parce que le groupe social nous rappelle constamment que d'un point de vue esthétique aussi, il y a une norme à laquelle correspondre : c'est facile, il suffit d'être mince, blanche, blonde aux yeux bleus et tout ira pour le mieux. J'ai déjà retracé mon parcours de régimeuse et toutes les raisons qui ont mené à mes multiples prises de poids. Lorsque je parle du body positive comme une manière de préserver sa santé mentale, c'est parce que j'en ai fait l'expérience et que j'ai intégré tous les bienfaits psychologiques que cela procure dans mon quotidien.

« Lorsque j'étais occupée à vouloir perdre du poids à longueur de journée, j'étais obsédée par la balance et les calories. »

« Pourquoi je mange ? » Il y a tant de réponses à cette question ! Pour ma part, je n'ai réussi à y voir plus clair qu'en consultant un premier psychothérapeute, et *c'est seulement à 37 ans que j'ai enfin commencé à comprendre mes comportements alimentaires !*

Mon premier conseil : prenez le temps de vous interroger, entamez une thérapie, allez à votre rencontre. Autant dire que le chemin peut être long et tortueux. L'idée est d'être à un poids qui permette de vivre sereinement, or ce poids n'est absolument pas le même d'un individu à un autre, quoi qu'en dise l'IMC. Cet indice ne devrait plus être brandi à tout-va pour décider de qui est « dans la norme » ou pas. L'IMC ne prend pas en compte toutes les caractéristiques de notre morphologie, ni notre masse graisseuse, osseuse, ou encore la teneur en eau de notre organisme.

« La puberté, les problèmes hormonaux, les changements d'environnement, la dépression, la grossesse, la conjoncture sont tous des facteurs de prise de poids. »

Je n'ai découvert tous ces indicateurs qu'au moment de mon séjour en clinique. Évidemment, nul besoin de chiffres pour affirmer que je suis une personne en obésité ! Cependant, lorsqu'une jeune fille déclare qu'elle est en surpoids et entre dans l'engrenage des régimes suite au calcul de son IMC sur un site Internet, eh bien je dis attention ! C'est là le début des régimes à répétition qui peuvent entraîner des troubles du comportement alimentaire comme l'anorexie, la boulimie, l'orthorexie ou l'hyperphagie boulimique.

LE POIDS, UNE AFFAIRE SÉRIEUSE

La question du poids, du surpoids, de l'obésité est vraiment sérieuse et complexe. Elle ne se traite pas par une simple question de volonté, ni sur les réseaux sociaux, ni par des compléments alimentaires potentiellement dangereux pour la santé. Les raisons d'une surcharge pondérale importante sont multifactorielles, et les traitements pour en venir à bout sont pléthoriques. Cela est une conversation que chacun doit avoir avec le corps médical et son thérapeute, et j'encourage vivement quiconque se pose des questions par rapport à son poids à consulter !

Alors qu'est-ce que je fais ? Est-ce que, sous prétexte que je n'entre pas dans l'IMC, je devrais m'empêcher de vivre ? M'enfermer chez moi ? Me terrer dans une grotte le temps de trouver la solution adéquate et enfin faire sortir la personne mince qui se cache derrière toute cette graisse ? Sûrement pas ! Il y a des personnes qui ne perdront jamais de poids. C'est une réalité. Il y en a d'autres qui vont enchaîner chirurgie bariatrique et liposuccions et qui regrossiront systématiquement. C'est un fait. Il y a des personnes chez qui une surcharge représente en réalité un poids de forme, sans pour autant être la silhouette idéale prônée par les standards de la société ou par la médecine. Le poids de forme est celui auquel on se sent bien, libre de ses mouvements, que l'on parvient à maintenir sans privations ni excès. C'est là qu'entre en jeu le fait d'apprendre à s'accepter à chaque étape de sa vie.

SE LIBÉRER DE LA BALANCE

Que vous décidiez de ne plus en avoir chez vous ou de la garder, en tout état de cause, les chiffres qu'elle affiche ne doivent absolument pas définir votre valeur. Prendre du poids n'est pas une tare ! Perdre du poids et vivre dans un corps mince n'est pas une fin en soi ! Il est temps de faire la paix avec sa balance.

> **« Pour quelle raison l'idée de prendre 2 ou 3 kilos pendant le confinement devient-elle la crainte de toute une population, alors qu'une pandémie mondiale entraîne une crise sanitaire et économique effroyable, là, dehors ? »**

Prendre du poids ne devrait pas être un constat d'échec ! Cela me chagrine toujours lorsque je vois une jeune maman qui vient à peine d'accoucher s'interroger sur le moment où elle retrouvera son « corps d'avant ». Son corps d'aujourd'hui, qui a porté la vie, a tant besoin de se remettre du bouleversement qu'il vient de vivre. Il conviendrait plutôt de le féliciter, de le chouchouter, de le célébrer. *Tu viens de donner la vie, ma sœur !* Alors oui, l'obésité comporte des risques pour notre santé physique et mentale ainsi que notre insertion dans la société. Il n'y a personne de plus conscient des difficultés liées à l'obésité que quelqu'un qui vit dans un gros corps. Vous ne vivez pas dans le mien.

> **« Oui pour lutter contre l'obésité, mais pas contre les personnes obèses. »**

Ramener les personnes grosses qui entendent vivre heureuses dans leur corps en leur rappelant qu'elles ne sont ni plus ni moins qu'une pathologie dénote clairement d'un traitement discriminatoire. Tout individu, qu'il soit gros, malade, en bonne santé, maigre, riche ou pauvre, n'a-t-il pas le droit d'être respecté et accepté ? Il a surtout besoin d'être soutenu et non pas stigmatisé.

CONTINUONS LE COMBAT !

Être une personne obèse, c'est lutter sans cesse pour :

- **trouver un emploi en rapport avec ses compétences et pas son tour de taille ;**
- **avoir accès à un système de santé bienveillant, sans qu'on lui rappelle à chaque prise de sang ou rendez-vous chez le dentiste qu'elle risque de mourir d'un accident cardio-vasculaire dans la demi-heure ;**
- **subir un examen gynécologique sans entendre de réflexions grossophobes de la part du médecin, de type « il y a trop de graisse là ! Je n'y vois rien » ;**
- **subir de *vrais* examens pour trouver la *vraie* cause de tel ou tel mal, car tous les maux de cette terre ne sont pas liés à l'obésité ;**
- **pouvoir voyager confortablement en avion sans avoir à quémander auprès d'un personnel navigant peu affable une ceinture de sécurité adaptée à son poids ;**
- **accéder à la propriété et s'autoriser à rêver d'une jolie maison sans avoir à subir les conditions scandaleuses des assureurs ;**
- **s'habiller comme on l'entend, dans sa taille, sans avoir à se sentir minable parce que telle enseigne de vêtements a décidé que les personnes grosses n'avaient pas suffisamment de valeur pour porter les vêtements qu'elle propose !**

Toute cette acceptation passe déjà par une prise en charge dès l'enfance. Par le fait d'accompagner, écouter, soutenir un enfant sans le priver ni anéantir son estime de lui-même. C'est être dans la bienveillance et sans cesse l'encourager. Mes complexes ne sont pas arrivés par magie, du jour au lendemain. Je me suis toujours sentie « normale » jusqu'aux premières réflexions des adultes autour de moi, qui ont planté l'idée dans ma tête que j'avais un problème de poids, alors qu'en réalité, c'étaient eux qui avaient des difficultés avec *mon* poids.

PEUT-ON ÊTRE BODY POSITIVE ET SE LANCER DANS UNE DÉMARCHE DE PERTE DE POIDS ?

Oui, parce que d'une part, c'est « mon corps, mes règles, mes choix », et ensuite, avec une perte de poids douce tout en étant bienveillant avec soi et avec son corps, et en évitant de tomber dans la culture du tout-régime, on continue de prendre soin de soi. Il faut rester attentif à son bien-être, écouter les signaux de son corps, ses sensations de faim, ses envies, la fatigue, éviter les carences qui peuvent survenir. Là encore, tout se fera avec un accompagnement réel.

Il y a une pratique qui sévit dans la démarche de la perte de poids, c'est celle de montrer des photos avant/après. Ce procédé s'accompagne rarement d'un discours bienveillant envers son corps et envers soi-même. Je déconseille de tomber dans ce travers, car il ne s'agit ni plus ni moins que de dénigrer son corps d'avant, de l'affubler de surnoms moqueurs et grossophobes et de le faire passer pour celui d'une personne faible qui ne valait rien. **N'oubliez jamais que vous avez vécu avec**, que vous êtes peut-être en mesure aujourd'hui de faire certains efforts pour perdre du poids mais qu'il restera toujours le vôtre. Respectez-le.

Une expression revient souvent chez les vendeurs de régimes et autres coachs en perte de poids : devenez la meilleure version de vous-même.

> **Selon votre histoire, votre âge, votre vécu, vous êtes toujours la meilleure version de vous-même, et ce n'est pas parce que vous étiez une personne grosse il y a quelques mois que vous étiez un déchet !**

Vous vous sentiez comme un rebut de la société, parce que vous l'avez intégré, mais ce n'est pas ce que vous êtes. Vivre dans le corps d'une personne grosse est difficile pour tout un tas de raisons, et être dans une démarche de perte de poids peut être particulièrement difficile – on craint sans cesse de redevenir gros, ce qui a un impact néfaste considérable sur la santé mentale.

THE TO-DO-LIST DE LA PERTE DE POIDS

Dans votre démarche, n'oubliez pas :

- **de vous féliciter ;**
- **de vous apprécier ;**
- **de danser devant votre miroir ;**
- **de vous faire du bien ;**
- **de penser à l'après et pourquoi pas à la chirurgie qui vous libérera d'un excédent de peau ;**
- **de prendre votre temps.**

Ce corps vous appartient, il sera toujours avec vous :

- **ne le laissez pas tomber ;**
- **apprenez à l'écouter et prenez en compte les signaux qu'il vous envoie ;**
- **autorisez-vous parfois à ne pas tenir votre programme ;**
- **vous avez le droit de ne pas y arriver – la bienveillance envers soi, c'est aussi apprendre à déculpabiliser.**

Être body positive dans une démarche de perte de poids, c'est aussi éviter de donner sa recette de régime miracle à tout un chacun. Déjà parce qu'il n'y a pas de miracle ! Cette question est personnelle. Il y a autant de démarches que de personnes. Sans compter que ce qui convient à un individu pourra être très dangereux pour un autre. Ne vous mettez pas en danger !

Apprenez aussi à refuser de dire merci lorsqu'on vous félicite pour cette nouvelle et fabuleuse silhouette qui est la vôtre désormais. N'étiez-vous pas déjà une personne merveilleuse avec vos 30 kilos de plus ? Si. Alors n'acceptez pas de compliments qui n'en sont pas vraiment. Et ces personnes, d'ailleurs ? Comment se comportaient-elles avec vous « avant » ? Est-ce qu'elles s'intéressaient à vous ?

Apprenez dès aujourd'hui à vous affranchir du regard de l'autre car croyez-moi, votre perte ou votre prise de poids peut engendrer des commentaires dans un sens comme dans l'autre – comme si vous deviez être réduit à votre seul corps.

TOUS LES CORPS SE VALENT

J'admire la démarche de @garnerstyle, une blogueuse américaine prénommée Chastity. Elle a tenu son blog de mode pendant plusieurs années en publiant de magnifiques photos d'elle et en cassant les codes un à un avec son style coloré, ses robes moulantes, des looks de star qu'elle adaptait à ses formes. Chastity a perdu énormément de poids ces dernières années. Comment ? Je ne sais pas. Ce n'est pas le sujet. Son lipœdème (syndrome caractérisé par une répartition particulière des graisses donnant une forme de poire au corps) est beaucoup plus prononcé avec sa perte de poids.

Elle recevait des critiques lorsqu'elle était bien plus grosse car elle « osait » s'afficher en maillot de bain sur la plage, eh bien elle en reçoit aussi aujourd'hui car elle devrait cacher sa morphologie et son excédent de peau dû à sa perte de poids. Chastity rappelle qu'elle aime son corps à chaque étape de sa vie. Elle a tenu à ne pas effacer ses vieilles photos, celles du temps où elle était plus grosse. Elle publie des clichés d'anciens looks pour rappeler qu'elle n'a pas attendu de maigrir pour porter un crop-top ou des vêtements moulants. Elle n'a par ailleurs jamais divulgué sa méthode minceur, car elle estime que c'est une question personnelle.

Ce qu'elle prône c'est la mode pour toutes, et c'est ce qu'elle tend à partager au quotidien. C'est d'ailleurs pour cela que nous la suivons sur les réseaux sociaux, non ?

> **La *diet culture*, c'est aussi toutes ces publicités diffusées à heure de grande écoute sur nos écrans. Elles sont visionnées par des jeunes personnes en pleine construction personnelle et qui n'ont pas terminé leur croissance.**

La dernière en date est celle d'un programme alimentaire que je ne citerai pas car je ne souhaite pas faire de publicité pour cette marque. Le personnage principal affirme qu'après avoir perdu du poids, elle a réussi à prendre du plaisir à monter des escaliers et qu'elle a rencontré un homme avec qui elle vit désormais. Cela sous-entend donc que quand on est en surpoids, il est impossible de monter des escaliers (soit faire une activité physique) ni de trouver l'amour. Donc d'être digne d'être aimée. Autant vous dire que j'en ai vraiment assez d'entendre ce type de messages grossophobes insidieux qui visent à réduire à néant l'estime d'elles-mêmes de personnes qui se sentent déjà très mal dans leur peau. Effectivement, c'est parfois dur de grimper les étages lorsqu'on est une personne grosse. C'est effectivement difficile de pratiquer certaines activités physiques, mais ce n'est absolument pas impossible, et je trouve cela ignoble de faire croire aux gens qu'à cause de leur poids, ils ne méritent pas d'avoir une certaine vie.

Pendant très longtemps, de nombreux athlètes ont été effacés des campagnes de publicité des marques de sport à cause de leur surpoids. Et pourtant ce sont bel et bien des athlètes ! Heureusement que le mouvement body positive a permis d'engager la conversation et de bousculer les mentalités pour qu'enfin nous puissions avoir des mannequins grande taille dans les enseignes comme Nike. En 2016, l'équipementier a lancé une campagne de communication mettant à l'honneur des sportives grosses. Si, comme moi, vous avez eu à chercher des vêtements pour faire du sport alors que vous vous habillez au rayon grande taille, vous comprenez ce que représente le fait d'être ENFIN représenté par l'un des leaders sur le marché des articles de sport. Malheureusement, une certaine presse a décidé de jouer les rabat-joie en déclarant : « Elle est immense, gargantuesque, énorme. Elle traîne sa graisse. [...] Elle n'est pas prête pour une course à pied. Elle ne peut pas courir. Elle est plutôt prédiabétique et sur le point de recevoir une prothèse à la hanche. Quel terrible cynisme de la part de Nike. »

> **En substance, le message que l'on veut nous faire croire est clair : une personne grosse ne peut pas faire de sport.**

J'aimerais donc comprendre : les personnes grosses sont stigmatisées et régulièrement moquées, elles sont toujours taxées d'indolence, de paresse, de manque de volonté. Il nous est souvent dit de nous bouger et de faire du sport pour perdre du poids. OK. Et trouver des vêtements de sport quand on est une personne grosse relève du parcours du combattant. Contradiction. Une grande marque décide de nous dire « vous avez le droit de faire du sport, d'être bien équipé pour cela et nous mettons tout à votre disposition pour le faire » et là, cette marque est vivement critiquée. Je suis perdue face à tant d'absurdité.

PAS DE TEMPS À PERDRE !

Ne laissez personne ni aucune campagne de pub vous faire croire que votre corps, quel qu'il soit, peut-être un frein pour vivre la vie que vous souhaitez. Mon credo, « je n'attends pas de perdre du poids pour être heureuse », m'a permis de créer mon entreprise, de participer à des courses, de voyager, de danser, d'aimer, d'être à l'aise en maillot de bain partout où je vais... et plus encore ! Je ne remercierai jamais assez mon corps de me porter toujours plus loin à chaque étape de ma vie.

L'industrie des régimes est florissante, et les publicités rapportent gros, les marques ne manquent pas d'ingéniosité pour faire mouche à chaque fois. J'ai remarqué la campagne de l'une d'entre elles, qui utilise tous les ressorts du marketing lié au body positive pour vendre son programme minceur. La ligne d'accroche est simple : se libérer d'une certaine charge mentale en livrant les repas. Fini la corvée du comptage des calories. Une ligne téléphonique est au service des clients pour les aider à ne pas retomber dans leurs anciens travers (concrètement, il s'agit de les dissuader d'annuler leur abonnement). Entrent en jeu les fameuses photos avant/après et le mépris distillé pour ce corps d'avant. Tout ça pour, en définitive, utiliser des visuels qui véhiculent toute une mythologie de grande sororité, des images de femmes aux morphologies différentes qui sourient de toutes leurs dents blanches et parfaites, qui se tiennent par la main, dansent ensemble, le tout baigné d'une atmosphère lumineuse, extatique, idéale. Tout y est. *La publicité occulte évidemment les moments de doute, de tristesse, la restriction, la peur de l'échec, la reprise de poids, la déprime, les compulsions.* C'est cela, l'industrie des régimes. Rassurez-vous, je sais combien il est difficile de s'en défaire pour se prendre par la main, se faire confiance et se donner de l'amour autrement que dans la douleur.

ALLER À LA RENCONTRE DE SOI

Pendant des années, j'ai été persuadée que le monde extérieur ne voyait que mes défauts, qu'ils étaient sous le microscope et qu'évidemment, je n'étais réduite qu'à mon poids et à mes imperfections. Il faut dire que je n'ai pas été aidée : outre les réflexions au sujet de mes prises ou pertes de poids, j'étais sous un feu constant de remarques. « À ton âge, ce n'est pas normal d'avoir des vergetures ! » « Il faut absolument que tu apprennes à cacher tes bras, tes jambes, ton ventre. Ça ne se fait pas de les montrer dans cet état. » Et voilà. J'avais mon petit bagage de complexes bien ficelé, et cette valise, je l'ai traînée derrière moi pendant longtemps...

CONNAÎTRE ET COMPRENDRE SES COMPLEXES ET LEUR ORIGINE

J'ai commencé à avoir des complexes physiques à l'adolescence. On l'aura compris, c'est avec les remarques de certains adultes de mon entourage que j'ai commencé à jeter un regard très négatif sur moi-même. D'abord sur ma poitrine, qui a poussé d'un coup et qui a modifié le comportement de certains hommes à mon égard : pour eux, j'étais en âge de subir leurs regards pervers.

J'ai ainsi tenté de me cacher derrière des vêtements amples, des joggings et autres jupes très longues. Trouver de la lingerie à ma taille était mission impossible à l'époque. Je voulais tout sauf ressembler à une « fille ». C'est certainement pour cela que j'ai commencé à me maquiller assez tard par rapport à mes camarades. Mes gros bras qui pendent, avec leurs vergetures à n'en plus finir, m'ont pourri l'existence pendant très longtemps. J'ai réalisé qu'ils sont le témoignage d'une partie de mon histoire mais qu'ils ne définissent pas la personne que je suis. Pendant des années, de 14 à 22 ans, je me suis évertuée à les cacher car ils représentaient tout ce que je détestais dans mon histoire et mon combat contre l'obésité.

> **Je portais des boléros, des gilets, des pulls, et cela même durant l'été ! Plutôt mourir que de me dévoiler.**

J'en étais même arrivée à me dire qu'un jour je passerais sur le billard pour les faire liposucer et me débarrasser de mes bourrelets ! Pour couronner le tout, lorsqu'il s'agit de porter des manches longues, je dois toujours choisir une, voire deux tailles au-dessus de ma taille habituelle à cause de mes bras ! Je ne sais pas exactement à quel moment j'ai opéré un changement radical dans ma façon de les percevoir. Je sais juste que j'ai arrêté de les cacher, de complexer à leur sujet et de me priver de porter certains vêtements.

S'oindre le corps, notamment avec du beurre de karité, fait partie des rituels de beauté sur le continent africain. J'ai appris à le faire toute petite pour nourrir ma peau, mais je n'avais jamais pris le temps de le faire réellement, en toute conscience, en prenant le temps de la ressentir, d'apprécier sa douceur, ses aspérités et spécificités. Redécouvrir mon épiderme, le toucher en l'enduisant de crème m'a beaucoup aidée à m'accepter pleinement et entièrement. Cette étape de soin est devenue un réel moment d'affection entre ma peau et moi. Je tiens à le souligner car lorsque l'on éprouve du dégoût pour ce que l'on est, il est très courant de ne pas aimer se toucher et de refuser de le faire. À ce propos, la masturbation est un moment de self-love et de self-care ultime. C'est 100 % gratuit et à disposition 24 heures sur 24. Autant en profiter pleinement.

Le fait de suivre différents blogs body positive et de voyager régulièrement aux États-Unis m'a aussi beaucoup aidée à relativiser par rapport à ce complexe. En voyant toutes ces femmes libres de leurs mouvements, surtout durant l'été, porter leurs tee-shirts sans manches, leurs petits tops aux bretelles spaghettis, je me suis dit : « Gaëlle ! Respire un bon coup et profite ! » Je constatais qu'encore une fois, tout était dans ma tête, et que c'était moi qui ne m'acceptais tout simplement pas.

MIROIR, MON BEAU MIROIR

Lorsqu'il est question d'apprendre à se connaître, prenez rendez-vous avec votre miroir. Cet exercice parfois douloureux au départ est pourtant tellement salutaire ! Devant votre reflet, apprenez à :

- **prendre le temps de vous observer ;**
- **toucher votre peau ;**
- **bouger ;**
- **danser ;**
- **en faire un moment à part dans votre journée.**

Je connais une Instagrameuse qui en a d'ailleurs fait un rendez-vous quotidien, qu'elle poste parfois sur ses stories ! Il s'agit de @Pomelokiwie. Elle se met en lingerie et danse de toutes ses forces devant le miroir pour commencer la journée. Cela procure un réel plaisir et une forme de communion avec soi !

Dès que j'essaie une nouvelle parure de lingerie et que je me sens bien en la portant, elle doit aussi passer le test du *dancefloor*. Je mets un titre de musique que j'aime, je danse, je vérifie que tout reste bien en place, je vois chaque partie de mon corps s'animer, je réalise à quel point je suis vivante. C'est un rendez-vous avec moi, un moment précieux et privilégié pour apprendre à me connaître et gagner en confiance. C'est d'ailleurs ainsi que j'ai appris à ne plus voir l'aspect sexuel et sensuel de la lingerie.

J'ai complètement supprimé de mon esprit cette injonction du patriarcat à en faire une arme de séduction ou encore un objet qu'on ne devrait porter que pour plaire à l'autre.

> **Et si cela me plaît, à moi, de me balader en porte-jarretelles dans mon appartement pour mon propre plaisir ?**

Je suis tellement agacée à l'occasion de la Saint-Valentin, lorsque tous les magazines féminins publient des dizaines d'articles sur la lingerie pour LUI faire plaisir et jamais pour SE faire plaisir à soi. Vivez ce moment de choix de dessous comme un instant rien que pour vous ! Sachez apprécier votre corps et son histoire à l'instant T. Là, maintenant, tout de suite. N'attendez pas qu'on vous donne la permission de le faire. Vous êtes seul maître à bord. Et ce qu'il y a de bien, c'est que ce conseil s'applique à toutes, quelle que soit votre taille !

Essayez, et vous m'en donnerez des nouvelles.

Le processus de déconstruction est long et laborieux, parce que nos complexes sont constamment nourris par l'entourage, les images véhiculées dans la publicité et les magazines féminins. Une femme mal dans sa peau s'en ira nourrir le capitalisme, sa souffrance et son malaise la font consommer. Se sentir mal et à l'étroit dans son corps profite clairement à certains, le patriarcat en tête. Aller en guerre contre les rides, les vergetures, les boutons et la cellulite n'est pas dans l'intérêt de ces médias qui ont besoin de vendre des espaces publicitaires à des marques de mode et de beauté. Il y a certes une évolution avec le marketing du body positive, mais nous ne sommes pas encore arrivés au stade d'une inclusivité où nous n'avons pas besoin d'applaudir un annonceur lorsqu'il clame fièrement que ses mannequins ne sont pas photoshopés sur ses visuels ! Je pense d'ailleurs qu'à l'ère où les marques retournent à plus de transparence et se targuent d'être éthiques et responsables, eh bien l'inclusivité devrait être un critère à part entière ! Comment se préoccuper des conditions de travail et de fabrication des produits si on ne s'intéresse pas aussi au bien-être du consommateur ? C'est d'ailleurs à cette clientèle de faire entendre sa voix, en encourageant les grands noms à plus d'inclusivité dans la diffusion de leurs produits.

De la même manière, j'invite mes chers collègues influenceurs à interroger les marques qui les contactent. Est-ce que le casting de la campagne lancée est inclusif ? Si ce n'est pas le cas, c'est le moment de faire jouer votre pouvoir face à ces marques qui ont besoin de votre communauté ! Cet entre-soi d'événements, de campagnes et de voyages entre gens normés ne devrait plus avoir lieu en 2021 !

TOI MON CORPS, JE T'AIME

Sur la question de l'amour, si vous saviez à quel point cette façon de faire du physique une condition pour rencontrer quelqu'un me rend dingue ! Des femmes grosses en couple, j'en connais des centaines ! Elles ont une vie amoureuse et sexuelle épanouie, des enfants. D'autres vivent très bien leur célibat, font des conquêtes d'un soir ou deux, plaisent et se font plaisir. Cela m'écœure très sincèrement de voir à quel point cette équation « perdez du poids = vous rencontrerez l'amour », omniprésente dans les médias, les films, les publicités, contribue à jouer sur l'insécurité affective de certaines et certains d'entre nous.

S'AIMER ET ÊTRE AIMÉ

J'ai à plusieurs reprises reçu des questions du type : « Est-ce que ton physique n'est pas un frein pour les relations amoureuses ? », « Comment fais-tu pour être à l'aise avec un homme malgré ton poids ? » J'avoue que ce sont des questions qui m'intriguent car je ne me définis pas en tant que femme grosse. Ce n'est pas ce qui me vient à l'esprit lorsque je pense à moi ou lorsque je me présente au monde. Oui, j'en parle beaucoup, mais je suis d'abord Gaëlle avec ma personnalité, qu'elle plaise ou pas ! C'est cette personnalité qui est déterminante dans une rencontre. Pas mon physique.

Mesdames, ne laissez surtout jamais aucun homme vous faire croire que vous n'êtes pas assez désirable pour qu'il déclare son attirance pour vous à la Terre entière.

Messieurs, il n'y a rien de honteux dans le fait d'apprécier les formes généreuses. Il n'y a d'ailleurs rien de courageux là-dedans. Et rien d'extraordinaire non plus.

> **« Sachez que les personnes grosses ont une vie amoureuse et sexuelle. Et c'est une réalité. Point. »**

J'ai un jour eu à prendre la parole sur mon blog à ce propos, notamment lors de « l'affaire Usher ». Le chanteur, atteint d'herpès génital, était accusé d'avoir eu des relations sexuelles non protégées avec ses partenaires sans les avoir informées, et il les avait ainsi exposées à une possible contamination. Quantasia Sharpton, l'une des plaignantes était une femme grosse. Et là, ça ne passait plus du tout... Tout Internet a décidé de remettre en cause le témoignage de la jeune femme à cause de son physique. « Non, Usher ne peut pas avoir couché avec "ça" ! » lisait-on partout dans les commentaires d'internautes. Ce fut un déferlement de *fat shaming*, de commentaires nauséabonds que les administrateurs des plates-formes ne prenaient même pas la peine de modérer ! Alors là, oui, il y avait de l'engagement ! « Il est forcément gay », pouvait-on aussi lire, ce qui donne un intéressant combo d'homophobie, de misogynie et de grossophobie ! D'autres soutenaient que cette femme était en quête de buzz et qu'elle était attirée par l'appât du gain. Bien sûr... qu'une femme grosse ait pu accéder au lit d'Usher est juste inconcevable ! Cet acharnement contre le corps de cette femme m'a sidérée. C'est effroyable de lire ce type de commentaires et un tel déchaînement de haine. C'est terrible et aberrant de nier que cette femme puisse plaire car elle ne correspond pas aux standards de beauté d'aujourd'hui, et encore moins aux « modèles » – des créatures surréalistes – qu'on voit dans les clips du chanteur, parangon de culture *mainstream*.

SEX AND THE SERIES

Il y a quelques années, l'actrice Gabourey Sidibe a fait l'objet de vives critiques suite à un épisode de la série *Empire* dans laquelle elle joue. C'était autour d'une scène d'amour entre l'actrice et un homme qui, lui, répond aux canons de beauté communément admis. Cette scène avait soulevé un tollé sur la toile et dans la presse et fait le miel des grossophobes. Chacun y était allé de son commentaire, de sa haine envers les personnes grosses et les corps non normés. Cette scène mettait les pieds dans le plat. Je vous informe que OUI, les grosses ont une vie sexuelle, et oui, une actrice grosse peut aussi jouer une scène de sexe. Il serait temps de s'y faire !

Les femmes obèses ou en surpoids sont davantage discriminées que les hommes ou les femmes de corpulence « normale » révèle une étude menée par le Défenseur des droits et l'Organisation internationale du travail (OIT) parue en février 2016. Elles sont rabaissées par le corps médical lors de consultations, notamment au moment de la grossesse. Elles sont pointées du doigt dans leur assiette à chaque repas, car voyez-vous, la personne grosse ne fait que s'empiffrer ! La dépression, les troubles du comportement alimentaire, les dérèglements hormonaux, les abus sexuels dans l'enfance qui sont des causes d'obésité, ça personne n'en parle... Aujourd'hui, c'est jusque dans notre lit qu'on vient nous stigmatiser...

La réalité, c'est qu'il existe des hommes dont le but est de mettre des femmes grosses dans leur lit et qui n'assument pas. Il y en a à tous les coins de rue, mais personne n'est prêt à voir cette évidence. J'en veux pour preuve certains messages privés pathétiques – et je vous passe les photos et les vidéos ! – que mes collègues blogueuses et moi-même recevons régulièrement. Lors de mon interview au magazine *Glamour* de mai 2017, dans un dossier intitulé « Le sexe XXL », je disais très clairement que l'on concède à la femme grosse d'avoir une sexualité seulement si elle est l'objet de fétichisation. Sans compter cette fâcheuse tendance à faire de la relation avec elle une espèce de déviance perverse. J'en veux pour exemple les sections « BBW » *(Big Beautiful Women)* sur les sites pour adultes. Le saviez-vous ? Il existe sur Internet des tutoriels pour expliquer comment faire l'amour à une femme grosse. Est-elle tellement hors norme qu'il faille carrément un mode d'emploi ?

À L'INTERSECTION DE NOMBREUSES DISCRIMINATIONS

En tant que femme, noire et grosse je cumule ! Je suis à l'intersection de plusieurs discriminations dans mon quotidien, et lorsqu'on parle de la question du corps et des relations amoureuses et sociales, c'est un boulevard.

Il faut le savoir, la femme noire et grosse a fait l'objet de critiques et même d'études, tel un animal dans un zoo, lors d'une période sombre de l'histoire de l'humanité. Des débuts du colonialisme, pendant tout le XIXe siècle et jusque tard dans le XXe siècle, les Européens considéraient les Noirs, les Asiatiques, les Maghrébins comme des « races inférieures ». **On pourrait ainsi se demander si la stigmatisation des corps gros ne tirerait pas ses origines de l'esclavage** et, là encore, d'une hiérarchisation anthropocentrique.

LA TRISTE HISTOIRE DE SAARTJIE BAARTMAN

Saartjie Baartman était une femme africaine de la tribu Khoikhoi, en Afrique du Sud, née aux environs en 1789. Domestique d'une famille d'Afrikaners, elle parcourut l'Europe avec son employeur afin d'être exhibée dans des spectacles de foire pour son large postérieur. Elle était connue sous le surnom de « Vénus hottentote ». Après des années d'humiliation, de maltraitance, d'esclavage, d'alcoolisme et de prostitution, elle mourut dans la misère en 1815, et son corps fut acheté, disséqué, découpé et conservé dans du formol - notamment ses parties génitales - par le naturaliste Georges Cuvier. Les conclusions du scientifique furent qu'elle avait des traits semblables à ceux des singes. Les restes de Saartjie Baartman furent exposés au Musée national de France, à Paris, pendant plus de 160 ans ! Elle fut, morte comme vivante, victime d'un racisme quasiment institutionnel et scientifique.

Ce n'est qu'en 2002, après l'Apartheid et l'adoption d'une loi en France sur la restitution « des biens culturels » à l'Afrique du Sud que le gouvernement français fit rapatrier la dépouille de Saartjie Baartman sur sa terre natale. Son retour fit l'objet de grandes commémorations en son honneur, et elle est aujourd'hui le symbole de toutes les victimes sacrifiées sur l'autel de l'oppression, du racisme et de la violence sexiste.

Être une femme noire et grosse, c'est aussi être régulièrement victime de *mysoginoir.* La sociologue et activiste queer noire féministe Moya Bailey a forgé ce terme en 2008, qui décrit une misogynie à l'encontre des femmes noires. Aya Nakamura ou Serena Williams sont souvent victimes de cette oppression qui ne dit pas son nom. Les réseaux sociaux sont le terrain de jeu préféré des oppresseurs : en tête, certains hommes noirs, notamment des humoristes, qui, en réalité, manquent de respect à leurs mère et sœurs qui sont des femmes noires. En tant que femme noire, j'attache beaucoup d'importance à ma peau et à ce qu'elle représente. Une peau qui fait l'objet de moqueries et de stigmatisations au point que certaines femmes préfèrent en effacer la couleur en se dépigmentant. Il s'agit là d'un réel fléau, propagé par certains hommes qui se font les complices de ce crime, en faisant systématiquement l'éloge des femmes claires de peau. Cette discrimination porte un nom : le colorisme. C'est seulement ces deux dernières années qu'on voit, par exemple, des femmes très noires de peau incarner des rôles de premier plan dans des œuvres artistiques. Pour ma part, je n'échangerais ma carnation pour rien au monde. Je suis noire et fière de l'être.

Entre ceux que mon corps gros dégoûte et ceux qui le fétichisent, j'ai fait le choix de me concentrer sur la meilleure compagnie qui soit : la mienne. Cela me permet de faire le tri et de n'attirer que les bonnes personnes, quelle que soit la durée de la relation.

Je suis une femme noire, grosse et fabuleuse. Je ne manque jamais de me le rappeler.

FAIRE LA PAIX AVEC SON CORPS

Je disais précédemment que j'aime danser et bouger devant le miroir. Mais ça, ça ne s'est pas fait en un jour, et certainement pas sans aide extérieure. Je me souviens de mon premier cours de danse comme si c'était hier – plus précisément mon cours de *booty therapy* qui est un concept génial pour se réapproprier son corps. Il s'agit, une fois par semaine, pendant 1 h 30, de bouger les fesses (mais pas que...) sur des sons de musique africaine, le ndombolo, le coupé-décalé, le kuduro ou encore des morceaux nigérians.

LA CLÉ, C'EST DE BOUGER !

Est-ce que c'est dur de s'y mettre ? OUI. Surtout quand on a passé dix ans à ne jamais faire de sport. Oui, je suis une femme active, mais j'ai longtemps été flemmarde, surtout quand il fallait se bouger un peu plus que d'habitude. Je faisais un peu d'aquagym ou d'aquabike occasionnellement, je marchais de temps à autre, mais rien de bien concret.

Un jour est apparu une page Facebook dans mon fil, que je me suis mise à scruter des mois entiers – quasiment un an sans oser franchir le pas ! La raison en était le regard des autres filles du cours. Oui, à l'époque, j'en étais encore là.

> **Le fait d'être la plus grosse (c'était une certitude) ne serait-il pas lourd à porter ? Il allait falloir danser devant un miroir et tout le groupe allait pouvoir me voir galérer.**

Et puis saurais-je vraiment suivre les pas des différentes chorégraphies ? Allait-on me juger ? Que de temps perdu finalement ! Un soir, j'ai aperçu par hasard un statut de Maïmouna, la professeure de danse, qui disait : « Cours gratuit de *booty therapy* ce mercredi ! Envoyez-moi un mail si intéressés. » Je n'ai pas vraiment réfléchi à ce que je faisais lorsque j'ai copié son adresse mail et envoyé un timide : « J'aimerais participer. » Aussitôt le mail parti, j'ai commencé à paniquer: « Oh ! là, là ! Mais qu'est-ce que j'ai encore fait ?! » J'ai eu le temps de réfléchir pendant trois longs jours. Puis j'y suis allée. Après tout, on ne vit qu'une fois. Le cours est passé en un éclair. Il y avait du monde. Je n'ai pas eu le temps de me demander si on me regardait ou pas ! Chacune était là pour décompresser, lâcher prise, s'amuser, se défouler... tout ce dont j'avais besoin ! Je me suis donc abonnée. Et j'y suis retournée toutes les semaines au point de me retrouver en tournée aux États-Unis avec la troupe de danse de Maïmouna ! Était-ce vraiment thérapeutique ? Eh bien oui. J'en suis convaincue, car au bout de quelques semaines, j'ai gagné en confiance en moi, non seulement durant le cours, mais aussi en dehors. Ma posture s'est complètement modifiée. J'ai le sentiment que j'ai débloqué une partie de mon corps qui était comme figée, prise dans un étau. C'est assez compliqué à expliquer mais je me sentais fabuleusement mieux.

> **Le chemin vers l'acceptation de son corps est chaque jour un peu plus surprenant.**

Lorsque nous étions à Los Angeles, j'ai pour la première fois décidé de ne pas porter de collants sous mon short. C'était une révolution ! Au moment de visiter Hollywood Boulevard, je me suis senti pousser des ailes. Une force qui venait de je ne sais où m'a poussée à me mettre au milieu de la chaussée et à entamer ma chorégraphie préférée et la rue s'est instantanément libérée pour me laisser faire mon show de quelques minutes. Les conducteurs s'étaient tous arrêtés pour me regarder danser. Je n'ai absolument rien compris, mais c'est mon meilleur souvenir de cette tournée. C'est fou ce que ce séjour aux États-Unis m'a apporté. C'est fou ce que ma rencontre avec Maïmouna a contribué à me rendre fière d'être moi-même, d'être une femme. Grâce à ses cours, j'ai réalisé que mon poids n'était pas une limite à la vie, à la danse. J'ai aussi compris qu'il était un objet politique, et qu'il fallait le rendre visible et lui donner toute sa place.

> **« En tant que femmes, nous subissons tant d'injonctions de la société que laisser mon corps s'exprimer grâce à la danse m'a permis de jeter à bas toute la construction sociale qui tourne autour de l'image de soi. »**

Je partageais naturellement mes vidéos de danse sur les réseaux sociaux, sans me rendre compte que me voir bouger ainsi motivait d'autres femmes, qui n'osaient pas faire certaines activités. Tout simplement parce qu'il y a un manque cruel de représentation des corps gros dans le milieu sportif et même artistique.

LE POUVOIR DE LA DANSE

Grâce à mes cours de danse, j'ai vécu toutes sortes d'aventures, notamment :

- **un flashmob sur la place de l'Opéra ;**
- **un flashmob sur la ligne 14 du métro parisien ;**
- **un flashmob au milieu de la gare du Nord ;**
- **un cours organisé en quelques heures à Los Angeles ;**
- **un tournage pendant des heures à San Francisco ;**
- **la découverte des champs de coton dans le Mississippi avec la troupe ;**
- **un stage de danse avec des femmes victimes de violences ;**
- **un carnaval caribéen (à Berlin), là où « tous les corps sont beaux ».**

En découvrant la danse je me suis aussi réconciliée avec la pratique d'une activité physique. J'ai découvert à quel point le sport pouvait être un vecteur de développement personnel, permettre de fixer des objectifs atteignables et parfois même se dépasser.

La culture des régimes nous enseigne que l'activité physique ne sert qu'à la perte de poids. Et pourtant ! La promotion de la pratique d'un sport devrait toujours passer par le plaisir qu'il procure ! Bouger, transpirer, ressentir du plaisir, décompresser...

> **J'ai vécu tant d'humiliations en cours de sport que je pensais que l'activité sportive me serait à jamais interdite.**

Je ne l'envisageais que sous la forme de la compétition. Or aujourd'hui, je retrouve de la sérénité et respire mieux.

Je vous recommande vivement de partir en vacances dans un pays où se tient un carnaval. Vous y verrez à quel point tous les corps sont célébrés, à quel point les normes sur la silhouette s'effacent au profit d'une ambiance et d'une énergie que le groupe procure. Lors d'un défilé de carnaval, j'ai vécu un moment de grâce, et j'en ai encore des frissons en l'écrivant. Je pense que c'est là-bas, à Berlin, que j'ai fait la paix avec mon corps, au milieu de toutes ces personnes qui dansaient dans leurs costumes, avec des plumes et des paillettes. C'est là que je me suis sentie légère et libérée de toutes les injonctions sociétales à avoir un corps parfait. Mon rêve serait de me rendre un jour au carnaval de la Barbade, défilé auquel Rihanna assiste régulièrement !

TOUS À LA SALLE

Le mouvement body positive a permis de normaliser la pratique d'une activité physique quel que soit son corps. Mais il y a encore du boulot, notamment à la salle de sport !...

C'est un endroit où j'aime aller et que beaucoup de personnes grosses redoutent pourtant d'affronter. Quelques jours après mon retour de Côte d'Ivoire où je venais d'assister aux obsèques d'un ami, j'ai ressenti comme un besoin d'évacuer le trop-plein d'émotions qui me terrassaient.

J'ai envoyé un message à une amie pour aller à la salle avec elle. Elle, rien ne l'arrête, c'est une coach motivation exceptionnelle ! À ce propos, si vous manquez d'envie et d'énergie, entourez-vous des bonnes personnes : une amie toujours partante, ou un coach sympa et ouvert.

Avec elle, j'ai fait 35 minutes de tapis de marche, puis je me suis inscrite pour l'année, encouragée par des tarifs promotionnels intéressants. Ça m'a fait un bien fou de bouger, mais après deux ans sans réelle activité physique, j'avais besoin de relancer la machine, j'y suis donc allée tout en douceur. La salle, durant la saison hivernale, me paraît être un bon compromis, même si je préfère les activités en plein air. Je sais que vous êtes nombreuses à ne pas oser aller à la salle, généralement à cause du regard des autres et de la peur de ne pas être assez bien, de ne pas avoir le corps parfait (soit dit entre nous, la salle de sport est typiquement l'endroit où l'on rencontre justement toutes les morphologies, il y a une très grande diversité de public), l'appréhension de ne pas tenir le rythme, etc.

> **« Oubliez la représentation ultra-normée des publicités pour club de fitness : ce que vous trouvez dans la boîte n'a rien à voir avec l'image qu'il y a sur le couvercle. »**

J'aimerais tant que les affiches dans les salles de sport et autres publicités soient plus inclusives ! J'aimerais tant voir une femme grosse représentée, sans injonction de perte de poids à la clé. L'idée serait de faire en sorte qu'elle se sente la bienvenue, pour pratiquer le sport de son choix. En ce qui me concerne, *j'ai toujours trouvé que les sportifs sont des gens assez bienveillants* – ils ont un véritable rapport au corps et à son image, ils savent évaluer la souffrance que représente le véritable effort physique, cela les rend très ouverts à l'autre, plus indulgents.

PEUT-ON ÊTRE NOIRE, GROSSE, QUEER ET PROF DE YOGA ? OUI.

L'une de mes personnalités préférée sur Instagram est Jessamyn Stanley, sur @mynameisjessamyn ! Il s'agit d'une professeure de yoga américaine, noire, grosse, queer et militante. Voir les photos de Jessamyn apparaître régulièrement sur mon fil d'actualité a eu un énorme impact sur la représentation que je me faisais de cette pratique. Jusqu'alors, on ne voyait sur les publications dédiées à la pratique du yoga que des femmes blanches, minces, musclées, jeunes, dans des postures performatives qui semblaient inaccessibles. Les mêmes asanas, présentées par Jessamyn, ont pris tout leur sens ! Je fais régulièrement du yin yoga, une pratique particulièrement douce, au sol, et sur la base d'étirements avec des postures plutôt longues. C'est magique et cela permet de respirer et se reconnecter à soi assez facilement. Lorsque je vois des photos de Yessamyn je me dis : « Waouh ! En fait, je peux faire ça moi aussi, avec mon poids ! » Cela me motive infiniment...

Avec des années de travail sur l'image que j'ai de moi, j'ai appris que le regard des autres, c'est aussi celui que l'on porte sur soi. J'ai appris à être à ma place partout, même au cours de step et de stretching, et à me sentir légitime dans tout ce que je fais. En plus, comme je paie pour être là, j'en ai le droit, comme tout le monde ! Il m'arrive de regarder ce qui se passe autour de moi et sincèrement, chacun est concentré sur son effort ou sur son écran de portable et une vidéo YouTube ! Pour le dire simplement, tout le monde se fiche de savoir à quoi ressemble son voisin de rameur. Que ce soit dans l'intimité de votre maison ou dans un cours collectif, le plus important est de faire ce qui vous semble bon pour vous, lorsque vous en avez envie ou en ressentez le besoin.

SE RÉAPPROPRIER SON IMAGE

J'ai parlé du miroir comme outil pour se réapproprier son corps et son image. Il en existe un autre, extrêmement puissant, et c'est aussi mon préféré, c'est celui par lequel je me suis découverte : la photographie ! Nombreuses sont les femmes qui fuient les objectifs et autres caméras. Eh bien se prendre en photo est un exercice qui vous aidera à vous découvrir sous différents angles. Il vous permettra de jouer des rôles, de sortir de votre zone de confort. Poser devant un appareil, c'est une façon de vous plonger dans le bain révélateur de ce que vous êtes vraiment.

L'ALBUM DE FAMILLE

J'ai beaucoup de photos de moi enfant et adolescente. Je pense que j'ai toujours aimé être prise en photo. Cependant, je remarque souvent mon attitude fermée sur les clichés où j'apparais seule. J'ai régulièrement les bras croisés et je tente de les cacher. Avant de tenir mon blog, ce que je remarquais sur les photos, c'étaient mes variations de poids. J'étais constamment à l'affût de ces indices-là, c'était systématique. La raison principale pour laquelle j'ai commencé mon blog était que sur les forums, celles qui publiaient leurs photos recevaient toujours des messages positifs. *J'ai ressenti comme un besoin d'aller chercher cet « amour » qui m'avait tant manqué jusqu'alors* et que je n'avais pas encore pour moi-même. Semaine après semaine, je publiais mes photos. Cette époque remonte à presque quinze ans – c'était le tout début des appareils photo numériques et des téléphones portables avec des objectifs intégrés. Dire qu'on pensait être à la pointe de ce qui se faisait de mieux ! Nous ne savions pas ce que l'avenir nous réservait, en termes de technologie numérique... Je prenais des photos seule, avec le retardateur, ou alors je demandais à mes amies ou à mes collègues de me prendre en photo pendant notre pause déjeuner. Je me demande qui, parmi mes proches, ne m'a jamais photographiée ! Je publiais le résultat sans vraiment réfléchir. Cela me permettait d'avoir une base pour poster un article quotidien sur mon blog.

> **Mon premier vrai shooting professionnel est celui à travers lequel je me suis vue comme une femme, celui où je me suis vraiment sentie être celle que je voulais devenir.**

En février 2011, j'avais postulé sans grande conviction au casting autour des cheveux naturels qu'organisait le photographe Mario Epanya. En mai, j'avais totalement oublié cette candidature, et j'ai reçu une réponse négative pour le casting. En revanche, ce courrier était assorti d'une proposition de shooting pour *Winkler Magazine*, parution dont Mario Epanya est rédacteur en chef, photographe et directeur artistique. Le but de cette séance ? Faire un clin d'œil à la mode grande taille, à la mode différente, à la mode sans complexes. J'étais censée en être le sujet principal, je devais préparer des looks, je cumulais donc la fonction de modèle et de styliste. La pression ! Le temps passait, et je n'avais pas de nouvelles. J'avais fini par me dire que cela avait été annulé. Mario m'a recontactée en septembre 2011 pour que ce shooting ait enfin lieu ! Il devait paraître dans le n° 5 de *Winkler Magazine* – le numéro de la fin de l'année. Tout allait s'enchaîner très vite, je n'avais que dix jours pour me préparer. Pendant ce temps, j'ai répété en boucle : « J'ai huit looks à proposer et rien à me mettre ! Et les chaussures ? Qu'est-ce que je fais avec les chaussures !... » Je pensais aux vêtements, aux accessoires, à la coiffure. Oh ! là, là ! La coiffure! Il fallait un truc afro. Mouais... mes cheveux refusaient de former une boule harmonieuse... Tant pis, on était samedi, il fallait y aller...

Lors de ma rencontre avec Mario, il m'a tout de suite mise à l'aise. Je lui ai montré les pièces que j'avais apportées, il m'a maquillée. Mario a été morpho-maquilleur avant de devenir photographe. La façon dont il a transformé mon visage fut spectaculaire.

> **« En m'observant dans le miroir, avec des faux cils, j'ai découvert une femme qui n'était ni tout à fait la même, ni tout à fait une autre… »**

J'étais, je crois, très embarrassée de me trouver belle… et je me demandais qui était la femme dans le miroir, qui me plaisait et que je ne connaissais pas. La séance photo a commencé. Je ne savais pas poser, j'étais très maladroite, Mario a été très très très patient ! Il m'a guidée et m'a beaucoup encouragée. J'ai pris énormément de plaisir à jouer avec mes vêtements et à changer de rôle selon le look choisi. La coiffure tenait la route ! Le temps de tout donner, et voilà… En l'espace d'une journée c'était déjà fini. J'ai remis mon jean, mon tee-shirt, mes ballerines, récupéré mon sac à dos, mon sac de voyage et mon Pass Navigo avant de m'engouffrer dans le métro pour rentrer chez moi. La parenthèse enchantée s'était refermée. Je n'ai pas voulu me démaquiller avant 2 heures du matin – *je voulais garder le visage de cette étrangère qui me plaisait plutôt bien*. Quelque chose avait changé après ce samedi après-midi. J'avais l'impression d'être quelqu'un d'autre, d'avoir découvert une femme différente ou, en tout cas, une femme que je ne connaissais pas encore. Jusque-là, je n'étais certes plus une enfant, et pas encore une femme. Je pensais être bien dans mes baskets depuis longtemps… mais non. Ce n'était pas encore complètement le cas. Avant que le magazine sorte, j'ai beaucoup ruminé sur le passé…

JE ME SOUVIENS...

... Du jour où une amie de la famille m'a dit : « Grosse comme tu es, tu ne pourras jamais faire de danse classique. »

... Des repas de famille où les oncles et tantes me disaient : « Gaëlle ne mange pas trop, et d'ailleurs je viendrai te chercher dimanche pour courir sur la Corniche. »

... Des copines de 8 ans aux jolies ballerines de chez Gréco, et moi qui parcourais le marché Sandaga de Dakar à la recherche de baskets pour hommes, à cause de mes pieds larges.

... Des tantes qui me rappelaient sans cesse que je devais porter du noir ou du marron. Pour me cacher.

... De la première fois où j'ai remarqué que ma poitrine ressemblait à celle d'une femme alors que je n'avais que 12 ans.

J'ai repensé à ce mardi 28 février 1995 où ma sœur m'avait dit : « Gaëlle, tu es jolie ! » C'était la première fois qu'on me le disait, et la dernière fois que je lui parlais.

Lorsque le magazine a été publié, ce fut un choc de me découvrir ainsi magnifiée : je regardais ces clichés en pensant aux ravages occasionnés par des parents qui poussent un enfant à douter de lui ou de ses capacités parce qu'il est « différent » des autres. Notre différence est notre force. L'estime de soi passe par l'opinion des autres. C'est triste mais c'est ainsi. C'est d'ailleurs pour cette raison que les parents et l'entourage jouent un rôle primordial dans la construction de cette estime.

J'ai commencé à me raconter autour des vêtements le 22 octobre 2007, et cette fin d'année 2011 me confirmait en beauté que je n'aurais jamais une seule occasion de le regretter. Je suis issue d'une culture où l'on ne se montre pas, où l'on cache ses sentiments, où le poids du secret et la peur du scandale écrasent toute forme d'expression. C'est cette fin d'année 2011 qui a signé mon acte d'émancipation, qui m'a libérée de mon propre corps. J'ignorais encore que je n'étais qu'au tout début du long chemin vers l'acceptation de soi, mais une nouvelle étape venait d'être franchie grâce à Mario Epanya, que je ne remercierai jamais assez de m'avoir présentée à moi-même.

> **Les photos de cette séance ont été particulièrement relayées sur la toile, notamment sur Facebook. Ce fut là ma première publication virale.**

Au moment où j'ai découvert les photos j'étais subjuguée, et je n'étais pas la seule ! C'était la première fois qu'on me découvrait à la fois en tant que femme fatale, sexy et mystérieuse. Et en couverture de magazine. Un carton !

En fin de compte, c'était la première fois que je me mettais vraiment à nu...

LE COMMENCEMENT DE LA CONNAISSANCE DE SOI

Après cette séance photo qui m'avait chamboulée – après tout, c'était une première, je portais des faux cils et une tonne de maquillage ! –, beaucoup de choses ont changé. Ces clichés furent l'occasion de me réconcilier avec mon reflet dans le miroir. J'ai très longtemps tenté d'occulter mon image car en réalité, je ressemble beaucoup à Sylvana, ma défunte sœur, et cela a constitué un réel malaise chez moi que de l'entendre répéter.

> **J'avais constamment la sensation d'être dépouillée de ma propre identité, et que je vivrais sans cesse dans son ombre.**

À partir de cette séance, je me suis enfin autorisée à briller de ma propre lumière. C'est pour cette raison que je vous encourage vous offrir un jour une véritable séance photo de qualité professionnelle. Certaines apprécieront ce que l'on appelle des séances « boudoir », où on porte de la lingerie afin d'explorer sa sensualité. D'autres choisiront les photos en tant que modèle, ou d'autres encore des photos de groupe, pour l'effet protecteur que procure le collectif – il n'y a qu'à regarder les photos prises lors de concours de beauté pour comprendre comment fonctionne ce principe. Entendons-nous bien, je ne défends en aucun cas la vision sexiste de la beauté et du corps de la femme véhiculée par ces concours classiques, où il est question de mettre en concurrence des corps hyper-normés. Ce sont les derniers endroits où il est question d'inclusivité. Il existe en revanche des prix de beauté dans d'autres catégories, comme celui des Miss Rondes. J'ai échangé avec un certain nombre de femmes qui ont participé à ces rencontres, et toutes m'ont dit qu'elles y ont non seulement appris à s'accepter, à travers les shootings et les défilés de mode, mais qu'elles s'y sont aussi créé un cercle solide de « sœurs » qui se comprennent.

MON CONSEIL POUR DES PHOTOS RÉUSSIES

- **Faites un *moodboard,* c'est-à-dire un tableau de visualisation de vos différentes inspirations, les tenues, les couleurs, les coiffures, le maquillage, l'ambiance.**
- **Apprenez à poser en regardant des vidéos, des photos de mannequins ou d'influenceuses.**
- **Choisissez un photographe en qui vous avez confiance. J'insiste...**
- **Scrutez le book du professionnel avec lequel vous compter travailler. Comment trouvez-vous ses photos ? Les poses ? Demandez un retour d'expérience à vos contacts, vérifiez ses références.**

À la façon dont il photographie un corps, c'est facile de voir quel rapport le photographe entretient avec ce dernier. Vous saurez vite s'il porte un regard méprisant ou, au contraire, bienveillant sur le vôtre. Cette séance est censée être un moment agréable. Au fil des années, j'ai appris à aiguiser mon œil et à travailler avec des photographes qui savent réellement prendre en photo les corps qui ne sont pas dans la norme.

J'ai vraiment évolué dans le choix des clichés que je publie sur ma plateforme. Les photographes de mode ont tendance à gommer tout ce qu'ils aiment appeler les « imperfections » – boutons, cicatrices, taches, vergetures, grain de peau, bourrelets – avant d'affiner la silhouette, de rajouter un peu de fesses et ou de poitrine... Lorsque je travaille avec un photographe, je veille à ce que mon corps en photo reste identique à ce qu'il est dans la vraie vie. Sur les réseaux sociaux, on reproche de plus en plus au mouvement body positive de promouvoir une certaine vision des corps, qui viserait justement à créer une nouvelle norme. C'est un phénomène caractéristique des sociétés modernes, une récupération *mainstream*, une dérive culturelle de réappropriation d'un mouvement autonome par ailleurs. C'est inévitable...

> **Sur mes photos, on voit mes vergetures et c'est comme ça, aucun besoin de leur mettre des paillettes ou de les colorier tel un arc-en-ciel pour les glamouriser.**

J'ai besoin de me sentir respectée et valorisée. Si je prends des photos en lingerie par exemple, j'aime que le photographe ne sexualise pas mon corps car ce n'est pas le propos. On peut assez facilement tomber sur cet écueil lorsqu'il est question de parler d'acceptation de soi à travers les photos. Si vous souhaitez faire des photos de nu, ne le faites pas pour plaire aux autres, faites-le pour vous, et vous verrez que la nudité est finalement le moment où on est le plus vrai.

On se retrouve face à sa vulnérabilité, et il n'y a à mon sens rien de plus authentique. J'adore les vêtements. C'est un fait. Mais ce que j'aime encore plus, c'est ce qu'on essaie de cacher avec.

Alors oui, certains diront qu'on n'a pas besoin de « se mettre à poil pour dire qu'on est bien dans sa peau ». Mais il se pourrait que ce soit aussi, parfois, le seul moyen pour certains de faire la paix avec leur corps, dans leur chemin vers l'acceptation de soi.

> **« *Fat shaming* rime toujours avec *body shaming* qui rime souvent avec *slut shaming.* N'oubliez jamais, qu'il soit habillé ou non : votre corps, vos règles, vos choix. »**

Les mouvements d'acceptation de tous les corps permettent d'accéder à un réel dialogue sur la liberté, de montrer au monde ce que la presse féminine a toujours mis de côté. On peut, dans ce sens, saluer l'arrivée du réseau social Instagram. Malgré ses filtres et la censure grotesque dictée par ses algorithmes, beaucoup de corps parviennent à s'y exposer et à s'y exprimer en totale liberté. Pour moi, le corps est un objet politique et j'estime que c'est un acte militant de le montrer, au nom de toutes celles et tous ceux qui se sentent à l'étroit dans leur peau.

Et puis franchement, « Je porte mon pantalon, je suis debout. C'est toi que ça serre ? » « Si tu n'es pas content, saute et puis cale en l'air. » (Merci au peuple camerounais pour ces merveilleuses expressions d'affirmation de soi !)

La photographie est une thérapie qui permet de s'affranchir du regard de l'autre. Lorsque l'on fait des photos, c'est d'abord et avant tout pour soi. Comment est-ce que je me sens durant la séance ? Suis-je à l'aise ?

Est-ce que telle ou telle pose me dérange ? Est-ce que j'ai envie de publier ces photos sur les réseaux sociaux ou de les partager avec mes proches ?

Grâce aux photos publiées sur Internet, de nombreuses personnalités porteuses d'un message d'acceptation de soi ont trouvé un public et un moyen d'expression au-delà des mots.

LES # ET @ QUI FONT DU BIEN !

- **#Effyourbeautystandards de @Tessholliday**
- **#Celebratemysize de @Plusmodelmag**
- **#Saggyboobsmatter, pour décomplexer les femmes qui ont les seins qui tombent**
- **#Greyhairdontcare, pour en finir avec la stigmatisation des cheveux blancs**

Malheureusement, la plupart de ses hashtags sont en anglais – pour atteindre l'universalité et parler au plus grand nombre, c'est pour cela que j'ai créé #FrenchCurves en anglais !

C'est en prenant la parole *via* les réseaux sociaux, à travers les photos et les citations inspirantes publiés, que nous arriverons à une vision décomplexée des corps. De tous les corps !

Nous nous retrouvons ainsi en face d'un mouvement de revendication et de libération de tous les types de corps avec leurs taches, leurs handicaps, leurs poils, leur cellulite... tout ce que la société considère comme n'entrant pas dans la norme et qui devrait être caché. Je recommande d'ailleurs, pour votre santé mentale et votre démarche d'acceptation de soi, de ne vous abonner qu'à des comptes qui vous poussent à avoir confiance en vous. En ce qui me concerne, c'est choisir de suivre des acteurs du marché qui affichent leur politique inclusive. J'ai envie de voir des choses « vraies ». Et si faire bouger les mentalités est un travail quotidien pour moi sur les réseaux sociaux, j'estime que mon travail s'effectue aussi loin des écrans – il continue à chaque fois que je sors ma carte bleue.

S'AFFRANCHIR DU REGARD DE L'AUTRE

S'affranchir du regard et du jugement de l'autre n'est plus un combat pour moi depuis longtemps. C'est mon mode de vie. Je propose ici des idées qui impliquent soit un engagement personnel, soit qui exigent la collaboration et la force du collectif.

LA PREMIÈRE FOIS QUE J'AI DONNÉ DE LA VOIX

Été 2006, j'étais sur la plage, à Dakar, avec de la famille et des amis. Sur ce banc de sable, il y avait une foule très homogène, des petits, des grands, des blancs, des noirs... et une grosse. La grosse, c'était moi. Je passais un bon moment avec tout le monde jusqu'à ce que j'aie l'idée saugrenue d'aller me baigner. Mais oui, c'est une idée absurde que d'être à la plage et de vouloir plonger dans l'eau !

Cette journée à la plage m'a fait prendre conscience du problème du regard et de l'acceptation des autres, malaise qui s'est mesuré à l'aune de leur difficulté à voir une femme grosse en maillot de bain. Lorsque je suis arrivée dans l'eau, j'ai entendu des moqueries, des quolibets en tout genre, certains ont tenté de me toucher. Ce calvaire a duré 10 minutes, puis je suis sortie de l'eau car trop ennuyée par ces gens. Sur la plage, certains ont même voulu nous encercler, ma cousine et moi, pour continuer l'agression verbale. J'ai alors perdu patience et je me suis mise à hurler qu'on nous fiche la paix. Je pense que personne dans mon entourage n'a compris cet accès de rage, car j'étais connue pour ma jovialité, je me mettais rarement en colère. Vous savez, ce cliché de la grosse qui a toujours le mot pour rire afin d'être acceptée par les autres ?... Ce jour-là, c'en était trop. Cette date est importante. Elle marque le jour où, pour la première fois, je me suis défendue.

On m'a alors conseillé de ne plus aller que sur les plages privées, on m'a dit que je ne devrais plus traîner dans les endroits « populaires ». Et, tant qu'à faire, que je devais éviter de me mettre en maillot de bain sur la plage ! Eh bien non. À partir du moment où j'ai créé mon blog et que j'ai entamé tout ce parcours d'acceptation de soi, je me suis mise à refuser systématiquement les situations d'invisibilisation telles que celle-là.

« Le fait de publier mes premières photos en maillot de bain sur mon blog a été l'accélérateur qui m'a permis de m'affranchir enfin du regard de l'autre. »

Sur mon blog, les commentaires qui se sont mis à défiler sous les clichés en Bikini ne m'intéressaient pas. La victoire était personnelle. Aujourd'hui encore, lorsque je publie une photo sur Internet, c'est parce qu'elle me plaît ! Ce n'est jamais pour une quête de buzz ou de likes. Beaucoup de personnes qui suivent les créateurs de contenu ou autres personnalités publiques sur Internet semblent s'imaginer que nous attendons leur approbation lorsque nous postons quelque chose. Alors que c'est exactement le contraire ! Au moment de publier un visuel, nous savons précisément quel impact aura la photo, ce qu'elle va « donner », à l'écran. Nous n'attendons pas l'autorisation de montrer les images de ce que nous sommes.

« Entre les avis non sollicités, le *body shaming*, les injonctions et autres critiques, honnêtement je peux vous dire qu'en ce qui me concerne, si je devais attendre cela pour être présente et travailler sur Internet, vous ne seriez pas en train lire ce livre en ce moment. »

Oui, c'est un fait, certains commentaires font mal. Je ne vais pas le nier. Que ce soit en dehors d'Internet ou sur Internet, la méchanceté nous frappe parfois de plein fouet. Mais j'essaie d'accueillir ce ressenti sans opposer de résistance – c'est le meilleur moyen de le voir s'éloigner comme il est venu. Ce qui me chagrine surtout, c'est l'impact qu'ils ont sur les plus jeunes. Lorsque je publie une photo de moi en joli petit maillot de bain porté sur ma taille 54, je suis fière de moi et du message que j'envoie aux adolescentes et adolescents qui sont en plein questionnement sur ce qu'ils sont et qui passent leur temps à se comparer aux autres. Cette évaluation permanente peut avoir des conséquences désastreuses sur leur relation à leur corps et anéantir leur estime de soi. Je pense alors à cette jeune fille qui tombe sur ma photo et qui se dit : « OK, j'ai envie de me sentir aussi bien que Gaëlle dans mes vêtements, ou en maillot de bain sur la plage. » Or généralement, cette jeune fille va se mettre à lire les commentaires sous la photo. L'algorithme de Facebook favorisant les commentaires qui génèrent de la conversation, à savoir ceux qui sont négatifs, eh bien ce sont ceux-là qu'elle verra en premier. C'est ainsi qu'elle remettra peut-être en question sa volonté de se sentir bien dans sa peau. Et voilà. Tout cela me rend donc la tâche encore plus ardue. Par chance, je suis en mesure de contrôler ce qui se passe sur mes propres réseaux. J'ai pris le parti de bloquer les commentaires que j'estime méchants ou qui ne sont pas constructifs. Je préserve ma santé mentale et celle de ma communauté. Ce n'est malheureusement pas le cas d'autres plates-formes, notamment des médias avec une audience plus large où le débat peut parfois virer au pugilat.

J'ai déjà eu droit à des messages de haine juste en étant visible dans l'espace public et parce que j'en dérange certains. J'ai parfois halluciné de lire des commentaires du type « Une bonne femme africaine ne doit pas montrer son corps », « Tu n'es pas chrétienne ? Comment peux-tu t'exposer ainsi ? » ...

Je rêvais par exemple de travailler avec la marque Dove. C'est le premier logo que j'ai collé sur mon tableau de visualisation il y a quatre ans. Dove prône la beauté de tous les corps, avec une présence jusqu'en

Afrique, notamment sur un panneau publicitaire à l'entrée de mon quartier à Dakar ! C'est donc avec une grande émotion que j'ai accepté de porter le message de ce grand nom de l'industrie pour le lancement de l'un de ses produits. Quelle ne fut pas ma surprise de découvrir des commentaires particulièrement violents sous ma photo, sur leurs réseaux sociaux ! Parfois, cette haine fait très mal. Il faut prendre du recul... Ce qui est primordial pour moi, c'est qu'en définitive, mon message arrive positivement à ceux à qui il est destiné. Notamment cette jeune fille qui se sent à l'étroit dans son corps et qui, en partie grâce à moi, ne se fera pas vomir après son prochain repas.

LE MAQUILLAGE COMME THÉRAPIE : LA BEAUTY THERAPY ?

Il est essentiel d'utiliser tous les outils thérapeutiques à sa disposition, et le maquillage en est un. J'ai découvert les vertus hyper-positives des cosmétiques lorsque ma cousine est tombée malade. Ne pouvant plus se rendre en cours, coupée de toute vie sociale, elle n'avait que YouTube et les tutoriels beauté comme seule fenêtre sur le monde. Elle a alors appris toutes sortes de techniques de maquillage.

> **« Appliquer des couleurs sur son visage, tracer ses contours, ce rituel semblait lui procurer une grande sensation de paix. C'était aussi une façon pour elle de se réapproprier son image fissurée par la maladie. »**

Il m'est arrivé de la prendre en photo à la fin d'une séance de maquillage, même tard dans la nuit. Au fur et à mesure de la séance, je lui demandais de retirer sa perruque. Elle regardait alors la photo et déclarait : « Je suis belle. » Alors si, dans votre routine *self-care,* vous avez envie de prendre un bain, de vous maquiller et de boire une coupe de champagne toute seule : *go for it* !

C'est un moment de soi à soi durant lequel vous prenez le temps de toucher votre visage et de le reconnaître.

CHAQUE VÊTEMENT A UNE HISTOIRE

J'aime dire que mon chemin vers l'acceptation de soi s'est fait grâce aux vêtements. Habiller mon corps, cacher ce qui me complexait pour, en définitive, finir par le mettre en pleine lumière et retrouver une image qui me plaisait m'a amenée à créer Ibilola et à écrire ces lignes. S'habiller lorsqu'on était une personne grosse, à l'époque où j'ai commencé à tenir mon blog, relevait d'un réel exercice de créativité. Il y avait très peu de choix, et celui-ci était parfois financièrement prohibitif. C'est de là que sont nés les vide-dressings, les échanges de bons plans shopping et autres commandes groupées sur des boutiques en ligne américaines. Quelle époque !

Tout est dans l'apparence... Cela me fend le cœur de le dire mais c'est une réalité. La façon dont nous nous présentons au monde sera ce que l'on retiendra de nous au premier abord. Autant la soigner et *dress to impress* – « s'habiller pour impressionner » comme disent les Américains. « Votre style est votre signature » affirme aussi @Marjolain.e, qui est conseillère en image. L'un des meilleurs moyens de trouver son style est d'en trouver les grandes lignes chez les autres ! Suivez les comptes de modeuses ! Sur les #FrenchCurves #GoldenConfidence #MysStylishCurves et #Stylehasnosize, vous découvrirez des looks à tomber et de quoi vous inspirer au quotidien.

J'aime que le vêtement envoie un message fort. Lorsqu'on est une personne qui n'entre pas dans les standards de beauté de la société, nous sommes particulièrement visibles et pourtant invisibilisées. Notre style nous permet de prendre notre place et d'indiquer notre présence. S'habiller peut être une telle source d'angoisse, notamment dans le milieu professionnel, où il y a souvent des codes à respecter...

> **Vous méritez de vous sentir belle et bien dans vos vêtements.**

Je ne compte plus les messages affolés de lectrices de mon blog qui n'avaient aucune idée de la tenue adéquate pour leur prochain entretien d'embauche parce qu'elles ne trouvaient pas leur taille en magasin. Fini le temps où nous nous contentions du seul pantalon noir en Tergal disponible chez Kiabi ! L'heure est à la liberté, il faut en finir avec la charge mentale liée à la tenue vestimentaire et du « je n'ai rien à me mettre ». Amusez-vous avec votre dressing ! Essayez de nouvelles coupes, tentez des associations inédites, soyez à l'affût des codes promo, sortez de votre zone de confort et ne négligez JAMAIS le pouvoir des accessoires !

MES CINQ CONSEILS MODE

1. Triez vos armoires. Essayez chaque pièce pour savoir si elle vous va toujours d'une saison à une autre. Jetez, donnez et, si vous ne portez plus, revendez.

2. Prenez le temps d'explorer les différentes boutiques en ligne ou magasins de votre ville pour essayer les modèles et vérifier votre taille. Il arrive fréquemment qu'elle diffère d'une enseigne à une autre. Prenez vos mesures et consultez le guide des tailles et des pointures. C'est un exercice qui prend du temps mais qui est vraiment nécessaire pour repartir sur de bonnes bases.

3. Investissez dans des pièces de qualité. Nous avons énormément de choix aujourd'hui pour nous habiller au-delà de la taille 42, notamment en *fast fashion.* Heureusement, d'ailleurs, que ces enseignes existent et proposent des vêtements stylés. Je pense néanmoins qu'il vaut mieux acheter peu de pièces mais de qualité plutôt que des vêtements à usage unique.

4. Soignez les matières. Exit les sempiternels tops en polyester qui font transpirer atrocement, qui collent à la peau et sapent notre confiance en nous !

5. Pensez mode équitable : la *fast fashion* sauve le dressing de beaucoup de femmes du fait de ses prix bas. Néanmoins, je ne peux m'empêcher de vous sensibiliser sur l'idée de consommer de façon responsable et éthique en vous renseignant sur les conditions de fabrication des vêtements que vous portez.

MES 9 ESSENTIELS DU DRESSING*

1. Un blazer très bien coupé. Du bleu marine pour sortir de l'habituel noir, certes, mais aussi de la couleur de votre choix et qui vous va bien au teint.

2. Une jupe de la coupe que vous préférez. Certains vous diront une jupe crayon, mais est-ce obligatoire ? Absolument pas ! L'idée est que vous vous sentiez encore une fois à l'aise dans vos vêtements. Choisissez celle que vous aimeriez porter en toute occasion.

3. Un pantalon noir. Trouvez celui qui se mariera à tous les styles, d'une façon à la fois élégante et décontractée. C'est une longue quête, mais le jour où vous trouvez LE pantalon de vos rêves, pensez à en acheter deux, voire trois. Il se pourrait que vous ne le retrouviez pas de sitôt !

4. Une petite robe noire. Le grand classique, de différentes coupes et longueurs afin de varier les styles, qui passe du jour à la nuit avec quelques accessoires. Mon look préféré ? Une petite robe noire moulante qui arrive sous le genou avec des baskets et un blazer coloré.

5. Une chemise blanche. Cette pièce est difficile à trouver au rayon grande taille. Ce n'est pas une raison pour la négliger. Choisissez la chemise qui va aux parties les plus larges de votre silhouette, puis faites-la retoucher et adapter à votre morphologie. Indémodable, qu'elle soit nouée en crop-top ou largement ouverte sur un beau collier.

6. Un trench-coat. Cette pièce de demi-saison donne toujours une allure sophistiquée. Lorsqu'il est bien choisi, à savoir dans la bonne taille, il vous permet d'être libre de vos mouvements et vous pouvez le porter sur un pull ou gilet.

7. Une robe simple pour tous les jours. Je ne peux que vous suggérer une robe de chez Ibilola ! Qu'elle soit portefeuille, cache-cœur, à encolure bateau, imprimée ou même dans des tons neutres, c'est un indispensable de votre garde-robe.

8. Un jean dans lequel vous pourriez remplacer une danseuse de Beyoncé au pied levé. Comprendre ici LE jean qui allie le confort et le style. À chacune de trouver sa coupe. Je recommande particulièrement l'e-shop d'Asos pour cela. Il y a différentes marques proposées. Une fois que vous aurez trouvé la ou les coupes qui vous conviennent, vous pourrez alors vous décider sur la couleur.

9. De la lingerie qui déchire ! Autant je soutiens le mouvement #Nobra consistant à se libérer des soutiens-gorge qui ont tendance à entraver notre corps, autant la réalité n'est pas aussi évidente lorsqu'on dépasse le bonnet F. D'abord parce que notre poitrine est lourde et nécessite d'être maintenue pour soulager notre dos. Ensuite parce que la coupe de la plupart des vêtements ne permet tout simplement pas de les porter sans soutien-gorge. Enfin parce qu'il est désagréable de transpirer sous la poitrine tout au long de la journée. Au rayon lingerie, vous pouvez opter pour une brassière nouvelle génération, c'est une très jolie innovation qui permet de porter un soutien-gorge sans armatures tout en étant bien soutenue. C'est agréable et c'est un bon compromis selon votre taille. Je ne suis pas une grande adepte des gaines et de la lingerie sculptante. Je l'ai jadis été, mais j'y sentais mon corps beaucoup trop contraint. Certaines ont besoin d'en porter pour se sentir plus en confiance et masquer des parties de leur corps qui les complexent encore. Le plus important ? Sentez-vous à l'aise dans tout ce que vous portez, et si cela passe par une gaine confortable ou une culotte taille haute, eh bien alléluia !

* *Liste de mes enseignes de shopping préférées en annexe.*

DÉCONSTRUIRE LES DIKTATS CAPILLAIRES

Aujourd'hui, je suis particulièrement fière de porter ma coupe afro et d'arborer tout type de coiffure avec mes cheveux naturels. Cela n'a pas toujours été le cas. Je me rappelle avoir ri au nez de la personne qui m'avait dit qu'elle me verrait bien avec « un afro boule ». Je ne jurais à l'époque que par le contenu du pot de défrisant que la coiffeuse appliquait sur mes cheveux tous les deux mois. J'étais alors convaincue que les beaux cheveux ne pouvaient être que lisses malgré les brûlures que cela laissait sur mon cuir chevelu. Comment ça, crépus ? Jamais ! Et pourtant !

Quelque temps plus tard, j'ai commencé à me documenter sur la question, à regarder des centaines de photos de femmes et d'hommes noirs qui portaient leurs cheveux naturels. J'écumais des dizaines de blogs sur Tumblr – une plateforme de partage de photos. Je réalisais que j'avais pendant longtemps adoré la coiffure de Tracy Chapman qui portait des locks, puis celles du chanteur Corneille ainsi que de Macy Gray, avec leur afro. Je n'avais pas réalisé que je ne pourrais obtenir ces coiffures avec mes cheveux défrisés. Je me suis réellement éduquée sur la beauté de mon propre cheveu ! Celui qui pousse naturellement sur ma tête. J'ai immédiatement décidé d'arrêter de les défriser pour faire une transition avant de retrouver mes cheveux naturels, ceux que je portais avant le premier défrisage appliqué par ma grande sœur lorsque j'avais 8 ans.

Au bout de quelques mois, j'ai profité de mes vacances d'été à Dakar pour réaliser mon « big chop ». Cela consistait à couper toute la partie défrisée de mes cheveux pour ne laisser que les repousses. Autant dire que je n'avais plus grand-chose sur le caillou ! Nombreux étaient sceptiques dans mon entourage, et persuadés que je me défriserais à nouveau les cheveux au bout de quelques mois.

« S'il y a une chose sur laquelle tout le monde s'était toujours accordé me concernant, c'était que j'avais de « beaux cheveux », à savoir des cheveux lisses, longs et volumineux. »

Pour une fille noire comme moi, cela semblait assez rare et donc particulièrement valorisé. En y repensant, mes cheveux étaient le trait physique qui me valait des compliments réguliers. Il était donc primordial que je conserve la seule chose vraiment belle que je possédais! Et voilà que je les avais coupés ras. Au tout début, j'ai eu du mal à me reconnaître! Je recevais tellement de remarques sur le fait que j'avais de si beaux cheveux « avant ». Encore une fois, je n'entrais pas dans la norme, mais j'ai tenu bon. Pour moi, porter mes cheveux au naturel était un véritable acte de rébellion à l'encontre des standards de beauté.

Je ne compte plus le nombre de femmes avec qui j'ai dialogué qui se trituraient les méninges concernant la coiffure qu'elles porteraient, par exemple, le jour de leur mariage. Toutes étaient tétanisées par le regard des autres et les jugements négatifs au sujet de la chevelure des femmes noires. Que d'énergie gaspillée, de complexes et de souffrance, à cause de standards de beauté érigés par l'Occident... Je me suis ainsi réapproprié la splendeur de ma chevelure et une partie de mon identité de femme noire, tout en envisageant l'esthétisme afro sous un œil neuf. J'aime porter des perruques ou des tresses et jouer avec mes cheveux – ils ont eu un rôle primordial dans mon parcours d'acceptation de soi. J'en ai profité pour en savoir plus sur la façon d'en prendre soin et sur le coiffage mais pour cela, honnêtement, je ne suis toujours pas au point. Aujourd'hui, je suis particulièrement fière d'être un *role model* pour mes nièces qui s'amusent à se coiffer les unes les autres et à se complimenter sur leurs cheveux. Cela n'a rien de futile, bien au contraire. Lorsqu'elles croiseront des personnes qui feront des remarques sur leur chevelure crépue, elles sauront se défendre. L'acceptation de soi est un muscle qui mérite d'être sans cesse stimulé, et je suis là pour accompagner les plus jeunes dans ce sens.

LA COURONNE DE LA REINE SOLANGE KNOWLES

J'ai tellement démystifié la question des cheveux naturels que la première chose que j'ai remarquée – et adorée – lorsque l'artiste Solange Knowles s'est mariée en 2014, c'est la sublime coupe afro qu'elle arborait. Solange Knowles est la jeune sœur de Beyoncé, mais c'est avant tout une artiste américaine qui a réussi à garder sa propre identité et à évoluer loin de sa famille.

À cette époque, j'écrivais sur mon blog que l'afro du Kenya aux États-Unis, du temps des mouvements des droits civiques de la fin des années 1960, avait été un instrument de résistance et d'*empowerment* considérable. Solange Knowles a prouvé à maintes reprises qu'elle n'en a que faire de l'opinion publique concernant sa chevelure et son style en général – elle porte des perruques, des tissages, des mèches comme bon lui semble. Elle est devenue un exemple pour beaucoup de femmes, et le fait qu'elle dise oui avec cette magnifique couronne sur la tête a sans doute permis de débloquer quantité de complexes chez bon nombre de femmes noires. Nombreuses sont celles qui ont trouvé là la fierté d'être soi, et qui ont choisi la coiffure du jour de leur mariage en toute liberté.

AFFIRMER UNE SORORITÉ ET SAVOIR S'ENTOURER

Sur ma route, j'ai croisé bon nombre de femmes qui ont contribué à forger celle que je suis aujourd'hui. Ce sont un peu mes sœurs d'armes ! Certaines montent au front avec moi, et d'autres se tiennent en deuxième ligne, en *back-up,* pour me soutenir en cas de besoin.

Savoir bien s'entourer est essentiel. Je n'ai dans mon entourage que des personnes fabuleuses qui savent s'encourager et se tirer vers le haut. Avec mon métier, je suis amenée à croiser énormément de monde.

J'ai donc beaucoup de connaissances, des copines, mais des amies, j'en ai finalement peu, et ce sont pour la plupart des personnes que je connaissais avant de créer mon blog ou d'avoir de la notoriété. Nous avons grandi ensemble, vécu des épreuves et beaucoup de moments de joie. C'est vraiment cela la sororité, pour moi, et je la chéris de toute mon âme. Alors choisissez bien votre entourage et sachez que OUI, les femmes savent se soutenir entre elles !

> **« Dans le peloton de tête de mes combats, je mets en bonne place mon envie de dézinguer cette conception misogyne et patriarcale que les femmes entre elles n'ont qu'une seule envie : se tirer dans les pattes. »**

Avec cette notion de sororité vient l'idée d'apprendre à ne pas se comparer aux autres. Que ce soit en ligne ou hors ligne, toute évaluation de soi-même par rapport à l'autre est d'une grande nocivité pour la santé mentale. Chacun a son chemin et sa destinée. Chacun a ses armes et nous arrivons tous sur Terre avec notre unicité, nos spécificités, alors autant se concentrer sur soi.

J'ai remarqué, durant les moments où je passais du temps à me comparer aux autres, que je n'étais pas du tout au centre de ma vie. J'ai commencé à réussir à embrasser mon destin, à réaliser mes rêves lorsque je me suis concentrée sur moi. Sur les réseaux sociaux par exemple, j'entends souvent la souffrance et la frustration de celles et ceux qui contemplent la vie de rêve affichée, étalée par d'autres, au fil de centaines de comptes Instagram, TikTok, Snapchat... Je recommande vivement à toutes les personnes qui souffrent de ces images-là d'arrêter de suivre ces comptes. Travaillez plutôt sur les raisons pour lesquelles elles vous détruisent. C'est aussi cela, s'affirmer ! C'est refuser ce qui ne nous convient pas. N'oubliez pas que derrière une image publiée sur Instagram, il y a 24 heures d'une journée complète. Ce n'est qu'une infime partie de la vie de ces personnes. Lorsqu'on envie l'existence d'un autre, est-ce qu'on souhaite aussi endosser tous les aspects de celle-ci ? Ce que cela implique ? Je recommande alors de suivre des médias et consommer des marques qui véhiculent un message positif pour vous. Hors médias et Internet, les premières personnes qui m'influencent, mes *role models* sont ma grand-mère, ma mère, mes tantes et les femmes de mon entourage.

MES *ROLE MODELS*

- **Velvet d'Amour**
- **Beth Ditto**
- **Lizzo**
- **Michelle Obama**
- **Oprah Winfrey**
- **Chimamanda Ngozi Adichie**
- **Beyoncé et les Destiny's Child**
- **Rihanna**
- **Les Spice Girls**
- **Viviane Chidid**
- **Les TLC**
- **Solange Knowles**

Chacune, dans son domaine, m'a permis de façonner ma vision positive et féministe. Que ce soit par leurs prises de parole ou le simple fait qu'elles sortent des sentiers battus, elles me poussent à continuer mon travail au quotidien.

Il y a dix ans, lorsque j'ai commencé mon blog, je n'aurais jamais imaginé que j'en serais là aujourd'hui. Au départ, je souhaitais simplement partager mes tenues du jour et, en quelque sorte, bénéficier d'un peu d'attention et de bienveillance. Je me suis retrouvée à documenter mon chemin vers l'acceptation de soi, à vivre chaque jour de façon décomplexée, à me libérer des injonctions de la société à l'égard des femmes, des femmes noires, des femmes grosses.

Je n'aurais jamais imaginé créer ma propre marque de vêtements et en faire la première ligne de mode grande taille en wax. Je n'aurais jamais pensé que moi, qui aurais adoré faire des études de communication et de marketing, je serais aujourd'hui créatrice de contenus sur Internet. Je n'aurais jamais pensé que je pourrais un jour affirmer que je suis fière d'être moi-même alors que je n'entre pas dans les normes de la société. Et c'est tant mieux parce que ce n'est que le début ! Je suis consciente que les préjugés à l'égard des femmes noires et grosses auront toujours la vie dure. C'est bien pour cette raison que j'en appelle au pouvoir du collectif pour prendre soin les uns des autres. Je vous rappelle que la grossophobie tue. Les troubles du comportement alimentaire aussi.

> **Cela ne m'intéresse pas vraiment que vous aimiez votre corps. Ce qui m'intéresse, c'est qu'on arrête de nous apprendre à le détester.**

L'une des plus grandes récupérations du mouvement body positive tel qu'il est perçu aujourd'hui par les médias et *via* les réseaux sociaux a malheureusement retiré tout l'aspect politique de la lutte pour l'acceptation de tous les corps dans l'espace public en remettant le privilège de la minceur sur le devant de la scène. Je remarque régulièrement des photos de femmes minces qui se contorsionnent dans tous les sens pour faire apparaître un pauvre bourrelet et être applaudies par la société lorsqu'elles parlent de s'accepter. Elles en ont tout à fait le droit et c'est même très bien qu'elles prennent la parole. Le problème est que cette femme ne subira jamais de discrimination à l'emploi du fait de son apparence ! Elle en subira peut-être en tant que femme, mais jamais parce qu'elle est mince ! Il est primordial d'être consciente de son privilège et de ne pas invisibiliser le message de base. Je tiens à souligner cet aspect des choses car lorsqu'une femme dont les bourrelets sont visibles sans qu'elle ait à se tortiller apparaît dans l'espace public, elle est purement et simplement injuriée. Le travail est long ! Il est parfois question de « body neutralité » pour ne pas tomber dans une nouvelle injonction qui serait celle de s'aimer à tout prix. L'idée serait donc de se dire : « Mon corps est tel qu'il est, et je suis d'accord avec ça. J'avance comme je peux et fais de mon mieux. »

LE 100 MÈTRES HAIES DE L'ACCEPTATION DE SOI

Parler d'acceptation de soi aujourd'hui, ce n'est pas uniquement se focaliser sur le corps, c'est aussi accepter son histoire. Pour ma part, il m'a fallu...

- **Accepter ma triple culture et naviguer entre le Bénin, le Sénégal et la France.**
- **Accepter que malgré mon émancipation, je suis attachée à certaines traditions.**
- **Accepter que l'histoire et les choix de mes parents ne sont pas les miens.**
- **Accepter que quoi que je fasse, je paraîtrai toujours différente, où que j'aille.**
- **Accepter l'idée que je surprendrai toujours et que ce n'est pas grave. C'est même génial.**
- **Accepter que je serai toujours perçue comme une femme noire avant tout, avec tout ce que cela implique d'oppression.**
- **Accepter mon privilège d'être née sur le continent africain.**
- **Accepter de pardonner aux autres et de me pardonner aussi.**
- **Accepter mes erreurs.**
- **Accepter que mes choix puissent être mal compris, et tracer ma route malgré tout.**
- **Accepter qu'être célibataire et sans enfant à l'âge de 37 ans n'est pas une tare et que le mariage n'est pas une fin en soi.**

Notre monde manque cruellement d'inclusivité et de bienveillance. Des Gaëlle Prudencio qui ne demandent qu'à briller, il y en a des millions. Certaines ont parfois juste besoin d'un petit coup de pouce pour déployer leurs ailes. Alors aujourd'hui plus que jamais, je vous invite à vous célébrer, vous qui lisez ces lignes, et je vous encourage à entraîner votre voisin dans la danse. Nous avons tous un rôle à jouer pour les générations futures.

« Hello ! J'espère que vous allez bien. Moi, ça va. »

C'est ainsi que je vous accueillerai sur ma storie Instagram du jour, une fois que vous aurez refermé ce livre. Continuons l'aventure ensemble ! Je vous attends !

> **Mon but aujourd'hui : militer pour l'acceptation de tous les corps.**

RESSOURCES
& REMERCIEMENTS

MES LECTURES

Coup de gueule contre la grossophobie, d'Anne Zamberlan, Ramsay, 1994

The Curvy Girl's Guide to Style, de Chastity Garner, 2010

Fearing the Black Body: The Racial Origins of Fat Phobia, de Sabrina Strings, New York University Press, 2019

Fattily Ever After, de Stephanie Yeboah, Hardie Grant Books, 2020

Gros n'est pas un gros mot, de Daria Marx et Eva Perez-Bello, Librio 2018

LES PODCASTS QUE J'ÉCOUTE

La vie d'après : des tranches de vie intenses qui ont fait basculer la vie de ceux qui se racontent.

Me, my sexe and I : fait entendre, au cœur de l'intime, les expériences personnelles des femmes noires.

Inpower : le podcast qui aide à prendre le pouvoir de sa vie.

Cocktails & Confidence : des conversations sur la confiance en soi autour de cocktails (en anglais).

Kiffe ta race : explore les questions raciales à travers des conversations et retours d'expériences.

DES COMPTES INSTAGRAM À SUIVRE

@jessicaprdnc, ma cousine canadienne, grosse, noire et fabuleuse.

@blackbeautybag, la pionnière du blogging sur la beauté noire en France.

@bestofd, sur la parentalité positive et la bienveillance.

@stephaniezwicky, le style n'est pas une taille mais une attitude.

@gabifresh, parce qu'elle nous a réconciliées avec le Bikini.

@douzefevrier, et son armée de phénix.

@effyourbeautystandards, créé par @tessholliday, célèbre tous les corps.

@cher.corps, qui explore le lien que les femmes entretiennent avec leur corps.

@cerisedaily, une fille pétillante et douce qui gagne à être connue.

MES ADRESSES SHOPPING INCLUSIVES

Asos : ils ont pensé à tout et à tout le monde ! Il s'agit d'un e-shop multimarques avec des rayons grande taille, maternité... J'adore.

H&M : l'enseigne qui a toujours pensé à inclure les grandes tailles dans ses collections.

Marina Rinaldi : parce qu'on mérite de la mode avec un positionnement premium.

La Redoute : l'offre n'arrête de s'y étoffer avec à chaque fois de très belles marques. J'espère le retour de jolies collaborations plus inclusives !

Bonprix : la mode pour les plus petits budgets et des pièces qu'on peine souvent à trouver, comme des combinaisons de ski au-delà de la taille 48.

Nike : pour le grand bond en avant fait en matière d'inclusivité que ce soit dans l'offre, les campagnes et les visuels. Ah et oui... le taillant est parfait.

Universal Standard : une marque américaine qui réussit le pari de l'inclusivité avec brio, et ce jusqu'à la taille 70.

Eloquii : une marque américaine à privilégier pour son shopping grande taille de pièces de sortie avec de belles matières. Une mode vraiment durable et particulièrement stylée.

Elomi : ma marque de lingerie chouchou pour tous les jours, et plus si affinités. Maintien et style sont conjugués à la perfection. Pensez à vous rendre sur leur site pour connaître la boutique la plus proche de chez vous et faire le point sur vos mensurations.

Lane Bryant : pionnière outre-Atlantique sur la mode et la lingerie avec la ligne Cacique. Ne négligez pas le rayon chaussures ! C'est le premier endroit où je fais mon shopping lorsque j'arrive aux États-Unis.

Swimsuits for All : pour des maillots de bain magnifiques avec un maximum de tailles. On y trouve des collaborations avec Gabi Fresh et Ashley Graham. Attention : ça part très vite !

Snag Tights : imaginez des collants qui vous vont à la perfection de la taille 34 à 66 ? Oui, c'est possible ! Fini la culotte à porter par-dessus les collants pour éviter que ceux-ci roulent sur nos cuisses.

Evans : pour des chaussures grandes pointures et pieds larges.

Ainsi que **Yours Clothing**, **PrettyLittleThing**, **Boohoo**, **Nasty Gal**, **Kiabi**, **Gémo**, **La Halle**, **River Island**...

MA PLAYLIST BODY POSITIVE

Corps, Yseult

Kinks in my Hair, Inna Modja

Unpretty, TLC

Flawless, Beyoncé

Diva, Beyoncé

Queen, Jessie J

Shape of You, Ed Sheeran

All of Me, John Legend

Grown Woman, Beyoncé

Mon Everest, Soprano

Temple, Margie Plus

Try, Colbie Caillat

Pretty Hurts, Beyoncé

Brown Skin Girl, Beyoncé

Cuz I Love You, Lizzo (l'album entier)

Téré Doundou, Viviane Chidid

*F**kin' Perfect*, Pink

Bootylicious, Destiny's Child

Big Girl (You Are Beautiful), Mika

Et tous les morceaux dans ma playlist « Fière d'être moi-même », sur Spotify.

REMERCIEMENTS

Merci à Régina et Edgard, mes chers parents, Michaël, mon grand frère, Ta Cathy, Magéné, TaAdé, TaCoco, mes tantes, Danielle et Soriane, mes petites sœurs, Aïcha, Dior, Karim, René, Olivier, mes cousines et cousins, Christine, ma belle-sœur, TonAssou, TonPaulo, Tonton Ibnou, mes oncles, Mémé Yvonne...

Merci à feus Sylvana, Marie Yvonne, Oli et Jean-Félicien d'avoir marqué ma vie de leur empreinte.

Merci à mes amies aux quatre coins du monde pour les fous rires, les conversations et *kongossa* sur WhatsApp, les brunchs, les larmes, les chagrins d'amour, l'écoute bienveillante, les enfants nés et à naître... Sinon, où en êtes-vous de mon anniversaire surprise à Cuba ?

Merci à Martine, mon endocrinologue, à Caroline, ma psy et à Claire, ma coach.

Merci à mes collaboratrices entre Cotonou et Paris : Jeannine, Sidonie et les filles à l'atelier, Ramata pour le mentoring, Janane mon agent et la team Sœurette Productions, Mélody et Sàro mes assistantes/bonnes fées. Ma glam team de photographes, maquilleuses et coiffeuses.

Merci à mes anciennes collègues ainsi qu'à chaque personne qui s'est retrouvée à me prendre en photo dans les situations souvent les plus improbables ! Merci infiniment !

À Céline, Mathilde, Henriette.nenette et les équipes chez Leduc : merci pour la confiance placée en moi.

À Winston Duke. Au cas où il tomberait sur ces lignes un jour. Qui sait ? Je réalise mes rêves un à un.

Enfin, aux fidèles lectrices de mon blog, à ma communauté sur les réseaux sociaux et aux Babes of Ibilola. Merci pour la force que vous me donnez chaque jour.

MIXTE
Papier issu de sources responsables
FSC® C007507

Cet ouvrage est composé de matériaux issus de forêts bien gérées certifiées FSC®, de matériaux recyclés et de matériaux issus d'autres sources contrôlées. Le Forest Stewardship Council® est une organisation internationale non gouvernementale qui encourage une gestion écologiquement adaptée, socialement bénéfique et économiquement viable des forêts de la planète. Pour en savoir plus, consultez le site www.fsc.org

Achevé d'imprimer en décembre 2020 par Graphycems
Dépôt légal : janvier 2021
Imprimé en Espagne